教育の使命

小原芳明

玉川大学出版部

平成時代、天皇皇后両陛下のご来臨

2013(平成25)年1月14日、明仁天皇陛下と美智子皇后陛下は、玉川大学教育博物館ご見学とFuture Sci Tech Labの植物工場研究施設をご視察のためにご来臨になりました。

玉川大学教育博物館の石版画の稀少なコレクションによる企画展「石に描かれた鳥たち──ジョン・グールドの鳥類図譜」を見学される両陛下。同博物館で「鳥類図譜」の調査を続けられている黒田清子外来研究員からも説明をお受けになった。上皇上皇后となられた2019年の10月11日にも都内で開催された創立90周年記念特別展にお見えになった

玉川の丘が記録的な積雪で白く覆われる中、天皇皇后両陛下の行幸啓を賜り、御料車を奉迎して案内する小原芳明学長

植物工場研究施設ではLED光源での水耕栽培を興味深くご視察になり、本学での研究を高く評価された

進化し、変化し、挑戦する玉川

創立90周年に前後して、学修スタイルの変化に応える校舎や施設の整備に力を注ぐ玉川大学。安心安全にも配慮し、学生の主体的な学びを導く学修環境で社会が求める人材を育成します。

大学教育棟 2014　創立85周年の2014年に竣功。教育学術情報図書館をメインとしてマルチメディアを備え、協働学修や対話型のアクティブ・ラーニングに対応する講義室、学修支援室、ラーニング・コモンズを配置する

ELF Study Hall 2015　玉川大学は全学共通の英語教育プログラム「ELF＝English as a Lingua Franca」を2013年に導入。グローバル化する社会を見据え、共通語としての英語を学ぶ。大学5号館を改修し2015年完成

University Concert Hall 2016　講堂を改修し、2016年に完成。海外からの演奏家を招聘して絶賛された音響を誇るコンサートホールMARBLEをはじめ、小ホール、音楽のレッスン室、ラウンジを備える。ベルリンフィルのメンバーによる特別講義なども実現

STREAM Hall 2019（完成予想図）
先進諸国で進むSTEM教育（Science, Technology, Engineering, Mathematics）に、ArtsとRoboticsの頭文字を加えて命名。学際的な先端の学びを実現

Consilience Hall 2020（完成予想図）
「Consilience」とは知の統合。玉川のものづくりの精神を継承し、文理融合を目指して名付けられた。農・工・芸術学部の学修の拠点

ESTEAM教育エリア　90周年を迎えた玉川大学は、STEMにEnglishとArtsを統合した「ESTEAM教育」を推進。キャンパスの北に広がるESTEAM教育エリアの完成イメージ

研究センター棟　脳の高次機能を中心に学際的研究を進める脳科学研究所、世界レベルで注目される量子情報科学研究所、各研究センターを包括する学術研究所が入る

アクア・アグリステーション（AAS）
2016年に農学部に開設。閉鎖循環式陸上養殖システムにより、水産資源の養殖技術を研究開発

Future Sci Tech Lab　2010年竣功。植物工場研究施設・宇宙農場ラボと超高速量子光通信施設が入る。宇宙空間での食料生産、新量子暗号の実用化に向けた2つの先端的な研究の拠点で、外壁には宇宙波を取り込んで光るライトアートが施される

久志晴耕塾　創立者の故郷、鹿児島県の久志にある南さつまキャンパスに2018年竣功。果樹の試験栽培ほか、教育研究と地域連携の拠点

美留和晴耕塾　学外施設の北海道 弟子屈農場に2014年竣功。豊かな自然環境の中での生態系研究フィールドとして実習や卒業研究のために活用

保健センター 健康院　創立間もない1930年に開設された健康院が、総合保健施設として機能を新たにして、2018年に竣功。園児から児童生徒、学生と教職員の健康を担う

教育の使命

まえがき

「十年一昔」と言いますが、この10年間で日本社会は日進月歩以上の速さで変化してきました。情報化がこれほど急速に社会の風景を塗り変えるとは誰が予想できたでしょうか。インターネットは暮らしに普及し、パソコンとスマートフォンがあれば、あらゆる情報を手元に引き寄せ、発信できます。グローバル化は進み、国境を越えて人々は交流し、経済活動や研究活動の地平も変わりました。こうした社会生活の変化が学校教育へ及ぼす影響はきわめて多大です。

毎年、4月1日を創立記念日として「全学教職員の集い」を行っています。そこで玉川学園（K－12）と玉川大学が直面する教育課題、そしてK－16運営にかかわる課題の中から幾つかを選んで話をしています。「課題を選ぶ」のは、時間内では語りつくせないほど教育機関が直面する課題があるからです。しかも、それらは年度内で解決されるものより、何年も継続して取り組まなければならない課題のほうが多いのです。

社会の変化に学校と大学は追随するという考えに立つと、大学にあっては改組、初等中等教育では各学校種のつながりも変化させる必要が生じてきます。地域の子供人口減は小中一貫校を生み出し、高学歴社会では Social Upward Mobility を勝ち取るために、トップ大学入学に資する教育を展開する中高一貫校を生みました。さらに知識基盤社会で要求される知識と技術の変遷により「人材」の定義も更新され、学部のあり方に影響して、それが大学改組へとつながっていきます。

文系理系と明確に区分けされてきた大学ですが、世界の高等教育の流れは文理融合となり、ＳＴＥＭ教育が初等教育から大学までに求められる時代です。新たな教育を推進するには昭和時代の学校設置基準では間に合いません。時代は21世紀なのに、学校と大学教育の枠組みが未だに20世紀の理論と実践では歯車が噛み合わず、普遍の真理を追究するべき「教育の不易」をどう捉えるかは実に難しいのです。

社会の進歩発展成長に法則はないがゆえに、学校教育には絶対で万能と言える教育政策はありえません。教育は古からの課題で、道は限りなくあり、進むほどに目的地が遠ざかるようにも思えます。

しかし、私学の教育の使命とは、建学の精神を原点として、どんな時代にあっても社会に求められる人を育て送り出すことにあります。自らの視点を持ち、最善の選択をし、挑戦する――それが過去と現在をつなぎ、未来を拓いていくのだと考えます。解答のない課題ではありますが、そのために私たちもまた、生涯学び続けることが求められ試されているのです。

この本は私たちが解答に試みた記録の一編で、学園の創立以来続く広報機関誌『全人』に掲載された記事から成っています。

来し方を振り返ると、多くの関係者の方々、教職員の皆さんの力添えに支えられてきました。ここに深く感謝を表します。また、私が学長に就任してから『全人』編集長を務めた石井万里子氏は、「学園日誌」と「教職員の集い」の原稿執筆に伴走し、今回は時代に即して本書を編集してくれました。心からの感謝を記します。

2019年　創立90周年を迎えた秋に、玉川の丘にて

小原芳明

目次

2005〜2019年

新年度にあたって

本書中の呼称・敬称等は掲載当時のものです。

新年度にあたって

2005〜2019年

「全学教職員の集い」挨拶抄録

玉川学園では毎年、4月1日の創立記念日に「全学教職員の集い」を行い、新しい年度の教育活動の目標を定め、一堂に会した全学の教職員に向けて小原芳明理事長がメッセージを伝えます。広報機関誌『全人』に抄録掲載した「理事長挨拶」を15年分収録。

ネットワークシステムの導入に始まり、学部・研究所の新設や改組、学士課程教育やK－12への取り組み、ELFやIB、BLESなどの国際化教育、そして文理融合のESTEAM教育にいたるまでを俯瞰することで、理事長・学長・学園長として目前の教育の課題と向き合い、未来を見据えて新しい挑戦を続けてきた足跡をたどります。

2005年　第76回創立記念日　新年度にあたって

デジタル知識時代

先月の卒業式訓辞の中で「デジタル知識時代」という言葉を使いましたが、これは造語です。ここ数年、卒業式と入学式で「知識時代」という言葉を使ってきましたが、21世紀の社会だけが知識時代を迎えているわけではなく、どの時代にあっても社会はその時代が保有する先端知識によって活動していたのです。

しかし、従来と今世紀の知識社会の違いは、アナログ知識かデジタル知識のどちらを社会が基盤に置くかです。デジタル知識時代とは、デジタル手法で知識生産が行われ、知識の拡散がデジタル・ネットワークを通じて行われる時代のことです。デジタルによる知識生産は従来と比べると飛躍的に速くなり、知識伝達も高速になります。その分だけ知識の新陳代謝も激しいものとなり、今世紀中には50年以内で知識が倍増する時代になるとも予想されているほどです。

企業が時代の変化に敏感に反応するように、大学や学校にも変化が求められています。本学の業務のデジタル化も変化の一つで、学生の履修登録もネット上で可能となってきていますが、やがて成績や累積GPA（成績平均値）をネット上で閲覧することになるでしょう。

本学では2004年に開始した教育のデジタル化に、全学共通のネットワークシステムである「ブラックボード」（Blackboard@Tamagawa＝Bb）を活用していますが、e-educationを推進している大学は、まだ国内では少数派です。昨年開講した授業のうち18％がBbを活用し、受講した学生たちの80％は「学修の役に立った」と評価しています。今年度はBb活用率を40％台まで引き上げるため、皆さんの教育のデジタル化推進への参加をお願いいたします。

当然のことですが、e-educationのためのe-educationであってはならず、教育の基本はあくまでFace to Faceにあります。また、このソフトは小学校高学年から利用でき、予習と復習の学習スタイルの推進が可能です。今後K－12を含め、「効率高き教育」を目指して、ブラックボードを利用したe-education推進に積極的になってください。

2003年、「学習する機関」（Learning Institution）を実現するステップとして「研修センター」を設置しました。玉川では創立以来、「進みつつある教師のみ、人を教える権利あり」の言葉のもと、各人が学習なり研修を行うことを奨励してきました。例えば、ISO14001や個人情報保護対策を推進するために、この研修センターが活用されましたが、同じように、教育と業務のデジタル化を推進するために研修センターが活用されることを期待しています。

今、どの組織もCSR（社会的責任）が求められていますが、大学こそ、このCSRを積極的に全うすべき組織の一つです。教職員一人ひとりが常に新しい知識と技術を求め、継続して学習する姿勢をもって、自己研修に励んでほしいと思います。

さらに、昨年「玉川学園個人情報保護方針」を定めましたが、これは教職員全員で個人情報保護への取り組みを推進していくためのものです。これまで事務系部門を中心に個人情報保護への体制を構築してきましたが、教育活動部門においても遵法精神で、学生や生徒児童、および父母の情報保護に努めてください。

On Demand Education

大学がエリート生産のために機能していた時代は終わり、大学を卒業するほとんどの学生たちが企業就職を希望する時代です。大学大衆化が進むにつれ、社会とのかかわりで大学教育を推進していく形の一つがオン・デマンド教育（On Demand Education）です。

現在の教育は、子供のニーズにあった内容を学校が提供することが中心で、ゆとり教育もその一環です。大学教育でも学生消費者論をもとに学生が好む科目を大学が提供する形をとっています。それにこうした傾向の根底には、学生・生徒が顧客、大学・学校は提供者という図式があります。それに対し、オン・デマンド教育は、もっと強く社会のニーズを意識したものです。

大学生は卒業して、企業が付加価値と認める知識や技術などを手にして就職していきますが、それは同時に企業が求める価値を提供することです。ということは、就職を希望する学生は入学した時点から、提供者としての人材育成を受けなければならないのです。こうした考えに立ち、社会や企業など、学生たちの行き先で必要となる知識と技術、価値観を意識した教育を推進するのが、オン・デマンド教育です。大学にとっての顧客は、学生だけではなく、彼らの就職先に強い関心を抱いている父母、そして学生たちを受け入れてくれる企業です。さらには大学に許認可を与えてくれた社会が、大学にとっての顧客なのです。

オン・デマンド教育が初等中等教育ではどういった形をとるのかを考えてみます。企業が大学にとっての上位組織であるように、大学は高等学校にとっての上位組織です。高校は上位組織である大学の需要を満たすことが、オン・デマンド教育になります。高等学校の顧客は、生徒たちだけではなく、父母に加えて、生徒たちを受け入れる大学も含まれるからです。この関係は、中学校と小学校とにも存在します。

一つの教育機関の中でも、一年次での教育は、二年次教育の需要に応えることが、一年次のオン・デマンド教育となります。小学校で「ここまでしか教えなかったから、不足分は中学校で」式の考えですと、中学校は小学校の補充機関に、高等学校は中学校の、そして大学は高等学校までの補充教育機関となってしまいます。下位校での不足分を需要とする下からの積み上げ型ではなく、子供たちの行き先にある需要に応える形で教育を行うのがオン・デマンド教育です。

今年度の試みとしてオン・デマンド教育をスタートしますが、まず課題となるのが各学部、各学年の顧客を特定していくことです。次に顧客のニーズを具体的に把握し、それに応える教育を模索していくことになります。これらは学校の社会的責任でもあります。

玉川の魅力とは

「全人教育」を教育方針として掲げている学校は、公立と私立あわせて1、700校ほどにもなるそうです。この言葉は本学園特有のものではなくなって、今では、全人教育そのものが公立学校で行われている教育と見られることすらあります。全人教育は小原國芳が1921（大正10）年に提唱し、本学園が1929（昭和4）年から全人教育を教育方針として掲げていることを、大方の人たちは知らない時代になったのです。

だからと言って、全人教育を放棄する理由にはならず、むしろ今後、本学園が全人教育の旗のもと、どういった内容とレベルの教育を進めようとしているのかを、「全人」といった抽象的表現ではなく、世間が理解できる言葉で具体的に広報していく必要があります。

また、昔から本学園では、知育、徳育、体育の三育並進の重要性を説いてきましたが、知育の具体的目標を数値で表現し、徳育は、父母をはじめとする社会に理解してもらえる表現で目標を掲げ、また、体育では体力をどこまでひきあげるのかを数値で示すことも必要でしょう。

教育目標を数字で設定することに抵抗があると思いますが、受験側としてはより具体的な教育目標を選択の尺度としているのです。学校教育の信頼性は、子供の在学中に、その学校が掲げる目標を到達させたか否かではかられます。教育目標の具体化は避けて通れない課題です。各学部、各学年の目標を具体化する作業を今年度の課題として、検討をお願いします。

1　私学と選択の自由

私学を取り巻く環境が厳しくなってきていることは、毎年述べています。私学は選択の自由によって生かされ、あるいは没していく存在です。社会のニーズに応えてこそ選択してもらえ、受験生と父母は私学が提供する教育を好めば、その学校を選択するでしょうし、イヤなら受験もしません。同じ理屈は就職にもあり、企業は学生たちが本学で身につけた資質を受け入れれば採用し、反対のケースでは不採用ということになります。

ただ、選択してもらうことを前面に出すと、相手に迎合という落とし穴がありますし、建学の精神を強調しすぎると、選択肢から外されることになりかねません。これらがどのように折り合うのかは、私たちにとって過酷な課題です。万能の答えはありませんから、時代と社会の変化を見ながら、何を提供していくのかを見定めていかなければなりません。

2　クオリティー確保

昨今、教育のクオリティーが論議されています。教育の品質を測定すること自体、評価尺度が確立されていない困難な作業です。しかし、ISO9001は一つの制度で、2003年度、工学部マネジメントサイエンス学科がこの認定を取得しました。これを契機に他学部、他学科でも教育の品質を表す尺度となる認定制度に挑んでいくことを願っています。

品質向上は一朝一夕で達成できることではありません。日ごろから継続して努力しなければならない作業ですし、最終到達点といったものがないのも継続的品質改善活動の特徴です。気の長い活動であることを認識し、本学の教育改善に取りかかるようお願いします。

コア・FYE教育センター

「コア・FYE教育センター」は、今年度新たに設置された部署です。昨年度パイロット科目だった一年次教育ですが、今年度は全学レベルで運用していきます。

本学の入試でみると、入学者の学力格差が拡大してきています。加えて、本学が第1希望だった学生と、滑り止め校として入学してきた不本意学生とが同居しているのも、昨今の特徴です。学力格差も入学意思の違いも大きくなってきている1年生たちを、短期間で本学へオリエントしていくには、従来のようなプログラムでは困難になってきています。これは大学大衆化現象の一つで、何も日本の大学だけが直面している現象ではありません。一年次教育は、日本より早く大衆化を迎えたアメリカの大学で実証されています。

今さら大学生に自宅学修や学修習慣の必要性を、一年次教育として取り上げることに問題もあるでしょうが、彼らに無駄な大学生活を送ってほしくありません。また、早くから進路を決めることの重要性を教えるのも一年次教育の大切な役割です。友達づくりや他者とのコミュニケーションが苦手な学生がいるとしたら、それを援助するのも目的の一つです。

一年次教育は、大学が競争的ルールを持つ環境であることを教え、その中で有益な大学生活を送るためのヒントを示唆すること、学生たちが、より公平に大学生活を送れるチャンスを広げることも意図しています。日本でも採用されつつある一年次教育ですが、私たちも他大学のモデルとなるような一年次教育の玉川版を構築していきたいと望んでいます。

２００６年　第77回創立記念日　新年度にあたって

本学は、直接部門、支援部門、そして管理部門の三者が一体となって教育を推進していきますが、本年度も高度情報時代に相応しく、お互い情報を共有し合いながら、より効果的に教育活動を推進していくことを皆様方にお願いする次第です。

本日は、大学、学園の順番で話を進めていきます。

大学

1　e-Japanに応えるe-Education

全国民が情報通信技術を活用できる日本型ＩＴ社会を実現するための「e-Japan構想」を政府が発表して以来、各界のＩＣＴ（Information Communication Technology）導入には拍車がかかりました。本学を含め多くの大学では「One on One」と言われる一人一台のＰＣへと移行し、今後は高等学校以下の学校にも導入されるでしょう。大学がＩＣＴ導入を推進することが、e-Japanに対応しているとの評価につながり、これは本学が掲げているオン・デマンド教育の一つと言えます。

一方、昨今個人が所有するＰＣから、貴重なデータが漏洩する事故が続いています。学校や大学でe-Japanに対応した活動をしていく上で、ウイルス被害など、ＰＣの限界と危険を認識して危機管理を徹底し、ＰＣを活用した教育を推進していかなければなりません。

そうした必要性を踏まえ、今年度から大学附置機関として、新たに「ｅエデュケーションセンター」を設置しました。この部署は、今まで情報システムメディアセンターを中心に推進してきたＩＣＴ活用教育をさらに強化する目的で新設されるものです。なお、本学があえて一般的な用語であるe-Learningでなく、e-Educationを使う理由は、ＩＣＴを使った「学修」という意味ではなく、「教育」を強調したかったからです。

本学で「Blackboard@Tamagawa」（Ｂｂ）という教育用ソフトを使い始めたのが２００４年。この2年間でＢｂの利用率は高まり、昨年度は1、３８０科目でＢｂが使われました。これは全開講科目の35％で、学生利用率も全体の94％と、ほぼ全学生がＢｂを体験しました。今年度の利用率のさらなる向上を期待しています。

すでに10ギガのネットワークシステムが学内配備され、無線ＬＡＮ環境も整いつつあります。今年度のＢｂは学生と教員向けに、個人ごとにパーソナライズされた情報を提供するポータルシステム機能が加わり、総合的なe-Education環境へと大きくグレードアップします。先生方にはｅエデュケーションセンターの活用で、今年度もさらなるe-Education推進をお願いいたします。

2　学部学科の新設と教員組織の変更

観光経営学科

e-Japanと並行して推進されている政策に、Visit Japanがあります。従来の観光政策は、より多くの人を海外へ送り出すことを主な目的としていましたが、これからは海外の観光客の招致に重きをおく政策へと変化していきます。これに応えるのが、来年度から開設予定にしている観光経営学科です。１８０度方向転換する観光政策をどうマネージしていくのか、日本人にとって魅力的で、かつ海外からの観光客を増加させる観光事業やインフラ整備とは何かなど、興味ある課題に溢れているのが観光業界です。その一端を担える人材を育成していくことが当学科新設の意義です。

リベラルアーツ学部

さらに現在、文学部のリベラルアーツ学科を学部昇格させる申請手続きを予定しています。４年前のリベラルアーツ学科申請時は文学部に包括された形を取りましたが、設置委員からいつかは学科を独立させることが提案されていました。確かにアメリカの大学では、リベラルアーツは大学そのものか、あるいは学部として設置されています。その意味からも、当学科の学部昇格は世界標準に合わせた行動です。

また、文部科学省指針により来年度から大学の教員組織が変わります。大学教学部で素案づくりをしておりますので、各学部での検討をお願いいたします。

3　第三者評価

本学は1992年以来、教育活動を自己点検してきました。クオリティー・マネージメントの教育現場への適応も進み、PDCA（Plan-Do-Check-Act）も本学の教育活動に欠かせない要素になったことは評価すべきだと思います。

今年度は点検評価活動を一歩前進させ、第三者評価機関である財団法人大学基準協会からの評価（accreditation）を受けます。自己点検・評価報告書802ページ、大学基礎データ302ページ、専任教員の教育研究業績620ページの書類を整え、4月3日に提出します。5月から8月までが書類審査、9月から10月にかけて実地視察があります。10月から12月にかけて大学基準協会での評価作業がなされ、評価結果の通知・公表は3月になる予定です。

最近、学士の水準のばらつきが問題となっています。大学大衆化時代に、どのようにして何の指標でもって「玉川大学卒業の品質」を保証するのかを、我々は検討しなければなりません。例えば、昨年度末に工学部の2学科がISO9001に拡大登録されました。この登録は主に企業の活動が対象となっているものです。しかし、教育活動においてもISO9001登録で、学科や科目間の教育プロセスに「ばらつき」が抑制されていることを明示できます。工学部だけではなく他学部においても登録に向けて、教育活動の向上への実践をお願いいたします。

18歳人口減の昨今、多くの大学は定員確保に必死です。しかし、現在のような「入学＝卒業」的な状態は、大学として世界標準から見ても、決して納得できるものではありません。大学が高等教育機関として機能するためには怠業を許容せず、むしろ積極的に排除することで、高等教育に相応しい学修環境確保の政策を鮮明に打ち出さなければなりません。学業努力優秀な者を奨励し、怠業者を排除する「優奨劣排」こそが、大学が取るべき起死回生の政策ではないでしょうか。

4　大学教育の国際化

今年度から本学の国際化をより強く推進していくために、従来の国際教育センターを大学附置機関としました。学生の海外留学、交流活動の支援に力を入れていきたいと考えています。

また、海外で学生たちが履修し、優れた成績で単位取得してきた科目も、本学の科目へ単位を振り替えるのではなく、英文名称のままの科目として単位認定するように改善をお願いします。海外の大学の科目を履修できる制度を拡張することは学生の選択科目を増やし、日本で得られない知識やスキルを身につけることは、彼らの魅力的な付加価値となります。社会は、より広く世界から学んで得た付加価値のある人材を求めています。

昨年に続き、今年も日本を取り巻く世界情勢は決して安泰とは言えません。学生の海外渡航に際しては細心の注意を払う必要があります。学生たちの安全確保のために、このセンターが情報収集業務を担います。

学　園

1　新しい制度K－12のスタート

長い間馴染みのあった6－3－3制学校教育体制から、本学園ではK－12（K－4－4－4）という新しい形の小中高一貫教育への移行を今年度スタートさせます。

社会の発展に伴って、社会へ巣立つデパーチャー・ポイントの年齢が高まります。小学校1年生から、そのポイントまでが長期になるほどに、単なる学年の積み重ねではなく、教育に一貫性を持たせることが大切になります。Aligned Educationとあるように、小学校1年生から始まる教育を、中学と高校への入試で中断させず、12年生まで整列したカリキュラムで教育を推進していくことが、これからの学校教育です。それが今年度からの小中高一貫教育です。

もちろん、こうした試みには前例もなく、成功が保証されているわけでもありません。しかし、6－3－3制度が導入された時代にも同じように不安があったはずです。新しい一貫教育体制においても、問題解決を図りながら前進していくことになります。重要なのは問題が起こったときに原因を正確に捉えることです。そして過去からの伝統を大切にしながらも、果敢に新しい枠組みを取り入れていきたいと思います。

2　学習を中心にする学校

さて、そもそも学校は、子供たちが衣食住を確保するための労働から解放されて生じた時間を活用して、「読み書き計算」を習う場所として始まりました。ところが現在の学校は、しつけも友達づくりも、あれもこれもと多くの役割を担うようになり、それゆえ逆に社会の需要に応えるにはほど遠い組織となっています。

また、「全人教育」という言葉が、「自由にのびのびと、勉強しなくても何とか進級できる制度」と誤解されてしまっているのも現実です。まず初めに学習ありきを基本政策としていかなければなりません。学校が担うべき責任は子供たちに学習習慣をつけさせ、将来社会人として活動していく上で、必要な知識とスキルを身につけさせることです。

ある見方をすると、教育は投資です。将来の構想を実現させるために現在の快楽を犠牲にする行いです。楽をして将来の夢は実現できません。間違った幻想を子供たちに与えてはならず、むしろ、苦労してこそ知識は浸透するという学習の厳しさを教えるほうが、教師のあるべき姿であり、玉川の教育です。

中学校は小学校の補充学習機関ではなく、高等学校は中学校の補習機関でもありません。そして大学での4年間では、到底、過去12年間で成しえなかったことを達成できるものではありません。近年、学校と大学に対して、活動の成果を客観的に表示するアウトカムが求められています。各学年のアウトカムを明確にし、応えていくことこそ、オン・デマンド教育です。これからは自学を「自宅学習」の略とするほどに、自宅学習を行わせるようにしていきたいと思います。

3　学園生活センター

最近、生徒を取り巻く環境の悪化が目立つようになりました。新宿歌舞伎町取締強化の影響を受けて、町田市街は「西の歌舞伎町」と呼ばれるまでに風紀の乱れが激しくなりましたが、行政の対応の手ぬるさは呆れるばかりです。こうした環境の悪化が、学校教育へ及ぼす影響に対し、私学として自衛策を打つ必要があります。また、生徒たちの活動も多様化してきており、その範囲とレベルは教師だけが掌握し、指導監督できるものではありません。

専門家にも参加してもらい、地域の協力も得て、生徒たちを風俗営業から守り、課外活動支援を向上させていくために「学園生活センター」を設置しました。大学の学生センター、キャンパスセキュリティーセンター、そして総務部といった支援・間接部門とも協力して活動を進めていくことになります。

またこのたび、低学年校舎の前に門を設置しました。正門がある上に、「二重の門」となるわけですが、これは児童の安全を確保するためのものです。教育学部の協力を得ながら、より安全な学校を目指し、危機管理対策を徹底していきたいと考えています。

4　学校教育の国際化

今までの国際教育センターが大学の附置機関となったのを受け、学園には「学園国際交流センター」を設置しました。昨年の世界的な学校認定組織ＣＩＴＡからの認証取得のほかに、ラウンドスクエアへの加盟も許可され、結果、多くの学校から国際交流の依頼が来ています。こうした海外の学校との交流、多国籍生徒参加プログラムの活動の支援がこのセンターの機能です。

最近、中央教育審議会が小学校英語の必修化を打ち出しました。本学園は、いち早く小学校への英語導入のためにＥＦＬ（English as a Foreign Language）教員の採用を行い、授業時間数も中教審が提案する時間数を上回ります。しかし、小学校で英語を提供するだけでは充分な学校教育の国際化とはならず、それが父母の期待、デマンドに応えるとも言えません。国際教育活動を推進するにあたり、学校とそのカリキュラムも国際化する必要があるのです。

大学を海外で、と希望する生徒たちに加え、高等学校や中学校から海外で、という生徒たちが増える傾向にあります。彼らの海外の学校へのスムーズな転校を支援するインフラ整備も大切で、海外においても玉川学園が学校としての認定を受ける可能性を探ってきました。すでに始動しているＩＢ（International Baccalaureate＝国際バカロレア）導入も、これを実現する一つです。ＩＢを導入することは、本学園が海外、特に欧州から学校として認定されるものです。さらにアメリカの学校への転校希望も高いため、ＩＢに類似する教育法を採択しているアメリカの私学教育コースを検討した結果、プレップ・スクール型の教育を本学園に導入できることが判明しました。ＩＢの終点にディプロマ・プログラム（ＤＰ）があるように、プレップ・スクール型の頂点にはアドバンス・プレイスメント（ＡＰ）があります。５年後には玉川でＤＰを提供する計画ですが、並行してＡＰの導入を計画しています。

当然、本学園の柱は一条校としてのカリキュラムですが、加えて、ＩＢコースとプレップ教育を設置することで、海外からもスクールとして認定を受けることを目指します。学校の国際化を推進するためには、地域と国境を越えて外国の認証団体からも、認証される性格のカリキュラムにすべきなのです。ＴＲＡＣとは、Trans Regionally Accredited Curriculumを意味する造語ですが、このカリキュラム設置の実現が、学校教育の国際化になります。至難ではありますが、次世代の教育として、中期計画の柱としていきます。

本学園が開設以来掲げてきた言葉に「進みつつある教師のみ人を教える権利あり」や「生涯学べ」があります。私たち教職員が常に新しい知識と技術に前向きな姿勢は、必ず子供たちの学びに対して好影響を与えると確信しています。

２００７年　第78回創立記念日　新年度にあたって

安全確保と学習環境向上

今日は安全確保と学習環境向上へ向けてのお願いから始めます。

昨年度来、キャンパスセキュリティーセンターをはじめ、学生センター、学園生活センター、総務部、さらには外部から安全問題の専門家にも加わってもらい、学校安全対策のあり方を検討してきました。

学校を取り巻く社会の環境は現在、子供たちにとって、決して安全で健全な環境となっていません。学生生徒を対象とした痴漢、盗撮、セクハラといった性に関連した事件をはじめ、個人情報漏えい、体罰、そしていじめによる自殺が大きな社会問題となりました。しかし、本学では先生方を先頭として父母、そして子供たちが、諸問題を「対岸の火事」としないで、各部署において取り組んでくれたことに感謝しています。

今年度は、安全な学習環境をさらに充実させるための冊子『より安全で健全な教育環境づくりを目指して』を用意しました。安全対策実施要領により大学とK－12および安全委員会からの提案を受けて作成したものです。

「水と安全はただ」が日本の特徴でした。しかし、このところのグローバリゼーションを受けて、もはや日本でも安全は無料ではなくなりました。つまり、安全は「見えざる手」によって提供され、確保されているのではありません。安全は自らの努力で確保しなければならないのです。学校で危険に遭遇する可能性を極力少なくし、学習環境の安全性の向上に日々積極的であることこそが、安全で健全な学習環境を維持することになります。

加えて教育機関として必要なのは、子供自身にも安全確保の努力をさせることです。やがて独立していく子供たちですから、一人ひとりに自分の安全の大切さとそれを確保することの難しさ、そして確保する努力の大切さを教える安全教育を実施することが、教育機関としての責任でもあります。

子供たちが安全に対して受け身にならず、自ら取り組む姿勢と意識を持つよう教育することの大切さを認識してください。日本人は安全神話のもとで生活してきましたが、これからは安全に対してもっと積極的になるべきです。それでこそグローバル化された社会のデマンドに対応した活動と言えるものです。今年度もより充実した安全で健全な学習環境を確保することと、より効果的な安全教育の実施をお願いする次第です。

教育の質の改善

次のテーマは教育クオリティーです。昨年度、財団法人大学基準協会による第三者評価を受け、4月1日付で大学基準協会の定める大学基準に適合していると認定され、正会員に加盟・登録を承認されました。これにより玉川大学は広く社会に対して大学の質を保証していることが認定されました。認定期間は２０１２年3月31日までです。

これは１９９６年度以来、われわれ自身で教育を点検し、自己評価をしてきたことの延長線上にあるもので、教育のクオリティーを改善していくものです。すでにクオリティー・マネージメント手法も教育現場に定着してきており、ＰＤＣＡ（Plan-Do-Check-Act）という用語も本学の教育活動にとって欠かせない要素になってきました。

マネージメントサイクルが本学に定着するまでに至ったのは、より良い教育を推進したいという先生方の熱意があったからです。現在のところ、第三者評価は大学の義務となっていますが、近いうちに学校評価も義務化されることと思われますので、Ｋ－12も大学の活動を参考として、学校評価に対して前向きに臨みたいと考えています。

昨年も指摘したことですが、日本には「学位水準ばらつき」の問題があります。大学大衆化の生んだ課題の一つが、大学卒の品質保証の問題です。大学エリート時代は、大学進学すること自体がある程度のクオリティー指標でした。しかし、大学全入時代におけるクオリティーは大学に進学したという実績だけでは不十分ですし、入学＝卒業では、卒業も必ずしもクオリティー指標にはなりません。大学卒業者人口が中学卒業を最終学歴とする人口を上回ったのが２００４年です。増加する大学卒業者の数に比例して卒業者水準のばらつきは大きくなります。

こうした時代に、どのようにして、何の指標でもって「玉川大学卒業の品質」を保証するのかは緊切な課題です。例えば学校の機能の一つが「読み書き計算」力を高めることです。では、大学として全学部が共通して高める質とは何でしょうか。これを具体的に示すことが、社会に対する大学存在意義となります。

目前の課題は、どのようにして卒業していく学生たちのクオリティーを保証するのかです。いくつかの大学では、認証取得のほかに、卒業生の品質を保証する指標としてＩＳＯ９００１認証取得を試みています。この認証取得は大学やＫ－12における教育活動の品質保証となり、教育プロセスの「ばらつき」を最小限に抑えることになります。また、昨今の社会の教育機関に対するデマンドに応えることにもなるでしょう。

卒業生水準のばらつきが問題視されているのは、大学だけではなく高等学校にも共通することです。昨年は履修漏れで全国の高等学校が揺れました。この現象は、進学校で顕著に見られたことです。指導要領通りに学習してきた生徒と、難関校合格実績を上げるためのカリキュラムで学習した生徒との間には学力のばらつきが生じます。受験に必要ない科目を切り捨てた生徒が勝者となる図式です。

しかも、未履修というルール違反が発覚してからの対処にも疑問があります。通常なら70授業時間をもって2単位となる世界史ですが、卒業間近ということもあってか3分の2の授業時間数で履修済みという緊急処置を取ったとのことです。これはたとえば6億円しか利益をあげていないのに、あたかも10億円儲けたようにして株価を操作することに類似しています。まさしく、高校あげての組織的な履修単位粉飾です。

これでは高校卒業者の質のばらつきを組織的に推進しているのと同じです。それ以上に問題なのが、履修時間を問うだけで履修したことの学習結果が蚊帳の外に置かれていることです。

絶対評価とは、他人との比較で評価するのではなく、各学年で履修すべき内容を修得した度合いで評価するものです。したがって各学年で修得すべき内容とレベルを具体的に示さなければ、学校として生徒の修得に対しての責任遂行となりません。現在は履修に重きが置かれていますが、これからは結果である「修得」も厳しく問わなければなりません。

4月から3月までの1年間にどれだけの成長変化が生徒たちに起きたのかで、学校の教育力が評価されることになります。やがて学校の第三者評価が行われることを見据えて、玉川もこのことを踏まえておくべきです。

PDCAからPDSA、SDSAへ

社会の変化に対応して、学校も変化しなければなりません。教育クオリティーが重視されるようになり、どの大学や学校でも教育活動の中にPDCAが定着しています。

昨年アメリカン・ソサイエティー・オン・クオリティー主催の教育品質会議に参加して気がついたのですが、そこでは、われわれに馴染みあるPDCAではなく、PDSA（Plan-Do-Study-Act）が使われていました。5年ほど前からPDSAが使われるようになったと言います。理由は「チェック」だと項目別に単なる○か×で点検する作業に陥ってしまうので、チェックに代わって、調査、追究、研究を行うという意味で「スタディー」を用いるようになったそうです。ということで、今日から私はPDCAに代わって、このPlan-Do-Study-Actを用いることにします。

さて、教育活動の中でPDSAが$P_2D_2S_2A_2$へ、さらに$P_3D_3S_3A_3$と展開されるわけですが、実はこのサイクルをいくら回しても、最初のPが作成された時点での枠組みは限定されているので、その中での改善という限られた活動になります。すなわち、オリジナルPの妥当性を確認することの困難さが、このサイクルの限界とも思えます。

さらに、オリジナルPが作成された枠組みそのものが時代の変化に耐えられなくなると、オリジナルPもまた存在意味を失ってしまいます。時代の枠組みが変化するのと並行して、Pそのものも変化していくのだと考えます。変化した時代の枠組みの中で、オリジナルPを点検するのですが、問題は、いつ、どのようにそれを行うのかです。その一つが「ＳＤＳＡ」だと考えています。これはStandard-Do-Study-Actです。

今年度から学校教育法が改正され、新しい教育基本法も施行されました。つまり、学校教育の枠組みそのものが変化するのが今年度です。まさに私たちがＳＤＳＡを試みる絶好の機会です。そのStandardですが、これは大学にあっては大学設置基準、Ｋ－12にあっては一条校基準に相当するものです。

Studyとは、それぞれの活動内容が各学年の基準に合致するのか否かを厳密に点検、調査、追究そして研究することです。時代の変化にともなって教育に対する考え方と学校教育の枠組みも変化し、それを受けて今年から法改正がなされ、基準も変わります。それらを踏まえてStudyを行うのが今年度の課題となります。昨年は履修漏れが指摘された全国の高校でしたが、ＳＤＳＡを行うことで今後類似した事態を避けなければ、学校としての責任をとることはできません。私たちは、玉川での教育活動を基準通りに行うことで、教育クオリティーを追求する第一歩としなければなりません。

変化しているのは教育を取り巻く環境だけでなく、実は子供たちも変化しています。アメリカ同様、１９９０年以降に生まれた日本の子供たちも「ネット世代」と呼ばれます。

まず時間感覚の違いがあります。それは、たとえば先生方が16歳だったころのＰＣのデータ処理速度と現在の処理速度を対比させるようなものです。私たちはアナログあってのデジタルですが、彼らはデジタルあってのアナログでしょう。コミュニケーションのあり方にしても、私たちは人との直接対面を基本としてモニター上で対話しますが、彼らはモニター上だけの人との対面にさほど抵抗を持っていないと思います。また、私たちは知識を求めて学校とか図書館へ移動することが基本ですが、彼らは必要な情報を自分のところへおびき寄せると言われています。

こうしたネット世代の子供たちにとっての学びの場は、従来とは異なっています。無線ＬＡＮが教室内外に張り巡らされ、個人でも集団でも学習できるようになっています。そこでは従来からのＦ２Ｆ（Face to Face）に遠隔教育手法を加えたハイブリッド型の学習が展開されています。一見、不器用に見えても、ネット世代の子供たちは多様なデジタル機器を操作し、24時間接続しながら仲間と接触し、マルチ画面で活動していくマルチ人間です。やがて彼らは大学へと進学してきます。

幸いにして本学ではここ数年来、ネットを利用して学修できる「ブラックボード」(Blackboard@Tamagawa=Ｂｂ）の活用が活発です。学生たちのＢｂ利用率は98％です。教員の利用率はその約半分と心さびしいのですが、私立大学情報環境白書によりますと、本学の「教育へのＩＴ活用ランキング」はトップです。大規模校を含めてのトータルランキングでも３３２大学中13位と、ネット世代を受け入れる環境が整いつつあります。

新しい社会環境への対応と同様に、新しい世代の子供たちに対応した教育のあり方には、万能薬となるものはありません。そこには試行錯誤的な活動もあるでしょう。しかし、ＳＤＳＡとＰＤＳＡを回しながら、Ｋ－16教育機関としての社会的責任を全うしていくことに、皆さんの積極的な参加をお願いする次第です。

２００８年　第79回創立記念日　新年度にあたって

本年度会計の施行について

最初に経理報告から始めます。昨年度の予算を補正して退職給与引当金の積み立て基準を従来の50%から１００%に変更します。私立学校への導入が予測される退職給付会計への対応策として行うもので、昨今の私学財政状況の悪化の中での退職金総額の確保がその主たる目的です。現在私学の７割ほどが退職給与引当１００%を行っていますが、本法人としても財政的な観点からこの時期が適切と判断しました。

これに伴う人件費予算の増加は約43億円で、昨年度は約23億円の赤字決算となります。人件費の大幅増はこの年度だけで、次年度からは引当金の増額だけとなります。

小中高一貫校K－12の体制確立

次に高等学校の収容定員の変更を報告します。２００４年度の理事会でK－12一貫教育体制の構築が決定され、同制度の導入を進めてきました。高等学校の収容定員は、現在1学年３２０名ですが、２００９年度から２６５名へ変更し、２０１０年度より普通課程の入学定員を２４０名、ＩＢクラス25名の合計２６５名に変えていきます。

これにより前期中等教育と後期中等教育の定員がＩＢクラス25名を含む２６５名と同数になります。これをもって併設型中高一貫校が実現可能となり、届出を今年度中に行います。小中一貫校は公立で、中高一貫校も県立や都立で実施されていますが、小中高一貫校は本学園だけの教育システムとなります。その基盤整備ができ、今後はその運用となるカリキュラム策定が課題となります。

研究センター棟のオープン

昨年の高学年校舎完成により旧高等部校舎を大学施設とし、学術研究所・脳科学研究所が使用すべく改修工事を行ってきましたが、4月1日より「研究センター棟」としてスタートします。

研究センター棟では先端研究が行われるので、出入りはＩＣカードで管理されます。このセンター完成で、学術研究が地理的にも集約された形で展開していくことになります。ここでは幾つかのセンター活動を紹介します。

1　量子情報科学研究センター

量子情報科学研究センターでは広田修教授が中心となり、完全な暗号システムの研究が推進されています。

日立とソフトバンクグループとで共同開発される新量子暗号は、全世界の光ファイバー通信網に直接応用できるものです。今年、ハイビジョン動画を暗号化して伝送できる2・5ギガビット対応の量子暗号装置を実現しましたが、目下、アメリカと激しい競争を展開しています。アメリカ空軍からも強い関心を寄せられており、国内では産業界からビジネスへの応用を期待されています。

2　生物機能開発研究センター

生物機能開発研究センターでは、ＬＥＤを活用して小麦やミニバラ、野菜の栽培実験をしながら植物工場への足がかりを研究しています。アメリカＮＡＳＡとの共同研究で、火星探索に必要となる無重力環境での野菜栽培の実験も行われています。まだ実験段階ですが、やがては土壌や気候条件から独立した野菜工場の実現も期待されている先端研究です。

3 脳科学研究所

2002年に「全人的人間科学プログラム」が文部科学省の21世紀COEプログラムに採択された本学の脳科学研究ですが、昨年度より脳科学研究所として独立して活動を行ってきています。

脳科学研究所では、ヒトや動物の心と行動の科学的理解を探究しています。研究対象は昆虫からヒトに至るまで広範囲ですが、これは脳の働きの根源的原理の理解に基づき、社会や制度まで生み出す人間の高度な脳機能を解明しようとするためです。

最近の主要なトピックは以下の通りです。

1. 社会性昆虫が社会を作り出すための神経・分子メカニズム
2. 記憶・学習の神経回路網
3. 霊長類の前頭葉における思考と意思決定の神経回路メカニズム
4. 神経経済学（人間の経済行動の脳メカニズム）
5. 神経倫理学（人間の倫理とモラルの脳メカニズム）
6. 神経科学研究の学校・社会への還元（神経科学リテラシー）

4 知能ロボット研究センター

知能ロボット研究センターでは、人間と密接なコミュニケーションをとりながら自律的に行動する、個性ある「脳型ロボット」開発を目指しています。人間の意図を読み、人間にも自らの意図を伝えることで、人間とロボット双方による共同行動を実現する技術の開発です。ロボットに脳の情報処理の方式を取り入れ、移動の制御、人間の意図推定、脳インターフェースの研究を行い、ロボカップ世界大会でも研究の成果を披露しています。

温故知新をキーワードにした教育

今年度から教職大学院がスタートします。法科大学院ほどの脚光は浴びませんでしたが、高学歴社会と知識基盤社会の到来で、よりプロフェッショナルな教員が必要となるのは明白です。教員免許更新制と共に、社会、なかでも父母の期待と要望に応えられる教員を養成していかなければなりません。

時代は履修主義から修得主義へと進展しており、リーダーシップを発揮できる教員を養成しようとする試みが教職大学院です。

さて、今年度は「温故知新」をキーワードとして教育を考えていきます。本学にとって、「温故」には二つの意義があります。一つは本学が創立以来大切にしてきた建学精神の「全人教育」をはじめとする12の教育信条です。これは本学を特徴ある魅力的な存在としてくれる〈品質〉とも言えるものです。

日本社会の進展に伴って学校への要求も変化してきますが、変化に呼応していく際に忘れてはならないものが建学の精神です。時代に即した新しいことを切り拓いていくにも、玉川教育の原点である教育信条を顧みなければなりません。これを否定することは、玉川が玉川でなくなるに等しいと言えます。

これからの知識基盤社会では、知識と真実を極める活動がより重要になります。一部では「勉強しないのも個性」と言われていますが、これからの知識基盤社会が「勉強を好む個性」とのどちらを選ぶのかは明白です。しかし、知識基盤社会が進化するにつれて「知識の暴走」の可能性も高まります。そうした危険を防止し、正しい知識活用の指針となるのが倫理観であり、宗教観です。また、知識を美しい人生を送るために活用するのに芸術の観点からものを見る力も必要です。

社会が変化し、知識基盤社会が進化しようとも、全人教育が主張する「真・善・美・聖・健・富」の六つの価値観の重要性に変わりはありません。21世紀に相応しい新教育を切り拓いていくためにも、教育信条を大切にしていくことを、年度の始まりにお願いします。

SDSAと単位の実質化

二つめが昨年も取り上げたSDSA（Standard-Do-Study-Act）です。

まず、Standardは、設置基準に照らして今後の課題を探ることです。これは大学にあっては大学設置基準、K－12にあっては一条校基準に相当するものです。Studyは、それぞれの活動内容が各学年の基準に合致するのか否かを厳密に点検し、目標がどこまで達成されているのかを調査することです。

時代の変化に伴って、教育に対する考え方や学校教育の枠組みも変化し、昨年から法改正がなされ基準も変わりました。それをふまえてStudyを行うのですが、今年度はなかでも単位の実質化から取り組み始めます。

大学と初等中等教育とでは「単位」の定義が異なります。小学校から高等学校までは年間35時間の教室での授業をもって1単位としています。一方、大学での1単位は、1時間の教室内授業に対して2時間の教室外での学修をあわせて15週行うこと、すなわち45時間の学修量が1単位です。

大学の単位には学期末試験の時間を含んではいけないのですが、通例14回の授業＋試験をもって1単位としており、厳密な意味で設置基準通りとは言えません。そこで大学の単位の実質化として、今年度1年間かけて、２００９年度から15回の授業＋試験を実施するために必要な条件を洗い出し、授業運営上の改善活動へとつなげていきます。

セメスター運営には大きな変革が求められ、長年行われてきた学外でのオリエンテーションや履修登録機関などの見直しも迫られますが、教学部を中心として単位の実質化を目指して、大学教育の基本に立ち戻ります。これは今後、どこの大学でも直面する課題であり、早期に解決し実施することが大学教育の実質化の第一歩となるのです。

まもなく、中央教育審議会大学分科会が「学士課程教育の構築に向けて」を発表しますが、大学の出口管理の強化策として厳格な成績評価とGPA（成績平均値）による進級と卒業判定が求められることになります。本学も時代の流れに遅れず、大学のアカウンタビリティー（説明責任）を果たす努力をしなければなりません。

教育クオリティーの保証

一方、初等中等教育では35時間をもって1単位となっていますが、大学と異なり35時間に試験を含むことができます。また、高等学校までは履修主義が根底にあって、大学のような時間不足は起きていないと言われていますが、今年度から学校評価が義務となり、これを契機に再度、単位通りに授業が行われているのかを点検することになります。

多くの問題を含む単位の実質化ですが、回避はできません。問題の先送りではなく問題を直視していくことが、学校のアカウンタビリティーです。そのうえで修得主義の徹底を図りたいと考えています。35時間に単位数を掛け算した時間数で授業計画することがインプット、計画されたシラバスに従って生徒に履修させることがアウトプットで、目標をどこまで達成させたのかがアウトカム評価となります。学校のアカウンタビリティーは、父母が納得するアウトカムを生徒たちに達成させることです。結果に対する責任をもって学校としての責務が全うされるのです。

長い間、履修主義だけでやってきた日本の学校ですが、これからは修得主義をもって学校教育を評価するように改めていきたいと考えています。これはある意味でのパラダイム・シフトであり、基本に立ち戻る温故知新でもあるのです。

私たちは玉川での教育活動を基準通りに行うことで、卒業していく学生や生徒の教育クオリティーを保証する第一歩としなければなりません。これはまた、社会の教育機関に対するデマンドに応えることになるのです。

安全確保と危機管理

昨年も述べましたが、学生生徒を取り巻く現代の社会は決して安全な環境ではありません。しかし、本学においては、先生方を先頭に父母、子供たちが諸問題を他人事としないで安全確保に努めてくれた結果、大事に至りませんでした。日々自分たちの手で安全確保に努める大切さを認識しているからこそできたことです。しかし、過去の安全が将来の安全を保証するとは限りません。今年度も引き続き「予防と適切な対応」を心がけ、とくに次の2点をお願いいたします。

一つめは、事件・事故はどこにでも起こりえるという認識を持ち、可能な限り事前予測し、点検・予防に努めることです。子供たちの安全を委託されている我々にとっては、国内外で発生した事件・事故を「対岸の火事」とせず、常日頃から「もしものこと」を考えておくことが不可欠です。

二つめは、実際に事件・事故が本学関係者に発生した場合、迅速な報告と正確な事実把握をお願いします。報告の遅れや事実認識の甘さ、不適切な対応がないように、可能な限り被害を最小限に食い止める予防と、起きてしまった際の情報共有を心がけ、父母に応えることが学校の責任です。昨年同様、安全確保の努力と態勢づくりをお願いいたします。

学校コンプライアンスの確立

今年度から「教育環境コンプライアンス室」を新設します。教育企画部にあった教育監査室機能と個人情報保護に関わるマネージメントシステムの運用管理を主として行う部署です。今後はここが法人全体の立場からリスク管理やコンプライアンス体制のあるべき姿を周知し、各部が達成目標に向かって協調して機能するように確認作業を担っていきます。

この部署が設置されたことを契機に、今年度は「学校コンプライアンス」を全体研修として取り上げていきます。この言葉は、一般的には「学校の社会的責任」と言われています。しかし、もともとコンプライアンスは企業に対して主張された概念で、そのまま大学や学校へ適用させることは困難です。

研修では、これからの学校と大学が直面し、実施していかなければならないコンプライアンスについて考えていきます。教育機関がどこまで社会からのデマンドを把握し、実現へ向けて活動しているのかに関わる問題で、本学が掲げる「オン・デマンド教育」とも関連してくると考えています。

２００９年　第80回創立記念日　新年度にあたって

私学を取り巻く環境

まず、私学を取り巻く昨今の環境から取り上げます。１９９２年に２０５万人だった18歳人口は、２００８年に１２０万人に落ち込み、２０１８年まで同レベルで推移します。大学は、短大と４年制大学の数が逆転したのが２０００年。現在、日本には４年制大学が５６５校、短大が３６０校となり、日本社会の高学歴化が進んでいることを示しています。

また、ここ10年間で定員割れ大学が20％から47％へと急増しました。特定の大学への学生集中化や、大学収容定員数の増加に対する進学者数の不足などが要因です。おのずと赤字の法人数も急増しています。現在の経済不況が劇的に改善されない限り、私立大学の将来は厳しい局面にさらされています。

資産運用

「私大学生数2万人説」というのがあり、収容定員が2万人以下の大学は経営に苦しむことを言います。つまり、収容定員2万人の大規模大学なら、定員超過20％まで入学させれば収入予算を超えて得られる収入は、4、000名×納付金です。納付金90万円なら36億円です。これを建物・設備・研究活動に投入でき、大規模大学が教育・研究活動でのリーダーシップを取ることを可能にします。それに対し、長年、私学が依存してきた経常費補助金は年々減少しています。それを補う一つが、内部留保を資産運用することです。私学が資産運用できるのは、以下の通りです。

①減価償却引き当て資産
②退職給与引き当て資産
③第二号基本金（将来取得する固定資産に充てるため、計画的に積み立てる基金）
④第三号基本金（小原國芳教育学術奨励金、同窓生による玉川学園教職員研修基金）

資産運用には大きく3タイプあります。

A　ロー・リターン、ロー・リスク……預貯金、国債・地方債、社債・金融債
B　中間的リターン、ほどほどのリスク……仕組債、外貨預金
C　ハイ・リターン、ハイ・リスク……投資信託、株式、デリバティブ取引

本法人が運用しているのはAとBです。これらは、玉川学園資産運用規程および同規定細則で管

理され、学校会計に詳しい公認会計士の指導助言を受けています。

商品価格変動が比較的激しいのが外貨預金で、為替の上下に影響されますが、本学では外貨預金利息をＳＡＥ奨励金や海外研修での支払いに充当しています。ドルはドル、ポンドはポンドとして使っており、為替損益は生じません。

従来これらの商品は年利２・69％、約16億円の利息を生んできました。しかし、サブプライムから派生した金融不況で、今年度予測として年利は１・25％に低下し、利息も約８億円減収してしまいます。

「選択と集中」研究活動

諸活動に分配してきた教育研究費ですが、資源が減少した現在、何かを選択し、持てるものをそこに集中させることになります。「選択と集中」です。

多くの国は日本の科学技術は世界の先端と認識しており、これこそ日本が世界に誇れるresourcesです。日本の大学は科学技術分野に力を投入すべきです。科学技術（Sci Tech）は外貨獲得の手段となり、外貨は日本人の生活必需物資輸入の手段です。

本学としては次の二つをFuture Scienceとして推進していきます。
1．量子暗号通信　Intelligence Communication Technology

2．植物工場　Plant Factory

この二つをApplied Beam Sci Tech（造語）と呼びますが、本学にはこれらを推進する力（頭脳）があります。脳科学が何かを理解する研究であるのに対し、この二つはfunctional researchで、製品につながる性格を持った研究です。今年度から「Tamagawa University functional」の冠のもと、この二つを推進していきます。

まず、「超高速量子光通信施設」では、解読不可能な超高速量子暗号の原理と実験法をアメリカにあるNorthwestern Universityと共同で開発、従来の量子暗号通信に比して1億倍の通信速度が可能となります。これまで理論研究が中心でしたが、情報通信研究機構（ＮＩＣＴ）の受託や日立グループの企業協力により実用化、製品化に向けての開発が期待されています。本施設ではハイビジョン画像の大容量データ通信をＫ－12のＭＭＲＣと光ケーブルで結び、耐久試験を通して玉川方式の実証実験を行うことになります。

現在、本学では毎秒10ギガビットの３００キロメートル伝送に挑戦中です。ちなみにマスコミ報道の単一光子量子暗号方式では、毎秒1メガビットの50キロメートル（ＮＴＴ）と毎秒1キロビットの１００キロメートル（東京大学）伝送が現状です。

次に「植物工場研究施設・宇宙ラボ」では、都心のビルでも栽培できる新しい農業技術を研究開発し、無農薬で安心な作物生産の実証実験を行います。屋内に水耕システムを設置し、最新型ＬＥＤパネルを光源に、レタス、イチゴ、トマトなどの栽培に挑戦します。

宇宙ラボでは、宇宙ステーションや惑星基地での作物栽培システムの実験が予定されています。円柱型の宇宙ラボには、擬似無重力や減圧下での植物栽培装置を設置し、仮想宇宙空間での野菜栽培の実験を行います。

現在、若田光一さんが国際宇宙ステーションで活動していますが、やがては宇宙ステーション内で栽培された野菜や果物を食べることが可能となるでしょう。本実験施設はその実現の重要な第一歩です。また、住宅街内で野菜工場が可能となれば、輸送で排出される二酸化炭素も削減可能となるでしょう。

今後、「TU functional」の冠を付けた研究を増やせることを期待しています。

学士課程教育

「学士課程教育の構築に向けて」の答申が中央教育審議会から昨年末に出ました。昨年この場でSDSAを取り上げましたが、この答申は、これからの大学教育を考える際のスタンダードとなるものです。この枠組みの中で他大学と共通性のある活動を推進すると同時に、本学を特徴づける活動を計画していきます。例えば現在の全学共通のコア・カリキュラムや一年次教育は、玉川大学を他大学から際立たせるプログラムです。

政治・経済のグローバリゼーションで、大学に求められるのは国境を越えて多くの国で大学として認識されることです。玉川大学がTamagawa Universityとして世界から認識されるための必要条件とは何か？

「どの国の大学も、今、革命の最中にある」とは、私の友人であるボストン大学のアルトバック教授の言葉です。混沌の中から学士課程にとっての必要資質を探り出し、本学が「ユニバーサルな学士課程」として評価を受け、同時に、本学の学士課程を際立たせる資質、つまり、玉川大学の個性として評価されるものを探らなければなりません。

これは教学部と今年度新設される「学士課程教育センター」を核として推進していきます。

ユニバーサルな人材養成に相応しい教育

18歳人口の減少と大学数増加が、大学全入時代を現実のものとし、多くの大学が生き残りをかけた危機的状況にあります。一方、実は学生たちも危機に直面しているのです。

大学進学のメリットは、より多くの知識、高度な技術、広い見識といった人的資本を得られることで、それは、より高い生涯収入へとつながり、より良い社会的地位に選抜されることにもつながります。しかし、これらは大学卒業人口が少ない条件のもとで成り立ってきたものです。大学卒業者人口が中学卒業を最終学歴とする人口を追い越したのは２００４年でした。今後いっそう大学ユニバーサル化が進めば、大学卒業者人口が最終学歴高校卒業者人口を上回るようになります。

従来、大学ではある分野の専門家となることがメリットの一つでしたが、これからはその評価が得られるのは修士課程と博士課程です。だとすると、学士課程の意味は、高学歴社会で評価される教養を修得する機会を得ることと、高学歴社会で専門として評価される修士課程・博士課程への入り口となることではないでしょうか。

また、グローバリゼーションが求めるのは、よりユニバーサルな人材です。日本の食料自給率40%台とは、残りの必要な食料を地球規模で獲得する人材が不可欠ということです。エネルギーや資源を購入する財源確保も地球規模に考えるべきです。

これからの社会で活躍できる人材輩出のため、「ユニバーサルな教育」をキーとして学士課程教育を考えていきます。

K－12が進める教育

大学全入時代と共に、「K－16」や「高大連携」という考え方が出てきました。これからは中等教育だけではなく初等教育も大学進学を大前提として推進することになります。

大学数の増加と18歳人口減で、低学力の生徒でも大学合格と卒業を可能にしています。しかし今、学士課程に求められているのは卒業生の質保証です。「一人でも多くの学士を卒業させる」から「少しでも高いクオリティーの人材を輩出する」ことへと、学士課程の責任が大きく変わろうとしています。

大学教育はゼロからスタートするのではなく、過去12年間の教育の成果を踏まえて行われる活動です。大学に求められることは、間接的であっても中等教育・初等教育にも求められます。大学で要求される質レベルに必要な素地を、高等学校卒業までに積み上げておかなければなりません。

現在、文学部と経営学部においてはTOEIC750点を達成目標とする新規の英語プログラムを検討中です。まだ机上のプランですが、入口管理、プロセス管理、そして出口管理を徹底して行う英語教育とします。それは大学在学期間のみならず、高等学校までの成果を前提にしてのプログラムです。

また、今年の3月に玉川学園はIB（International Baccalaureate）MYP（Middle Years Programme）校として認定を受けました。IBは世界130カ国以上で推進されている国際的な教育です。これを一条校で推進しているのは、本学園と加藤学園のみで、グローバリゼーションを見据えての人材養成を担う教育です。高大連携の観点からも、中等教育でのユニバーサルな教育を推進するのは時代の要請です。

日本の伝統的な教授法を基本に、広く世界で採用されている教授法を取り入れていくことがユニバーサルな人材養成の基盤づくりにつながります。これからの子供たちのために、日本の大学のみならず、広く世界の大学を目指した教育を考えていきます。J-TRACにおいてもIBが推奨する教授法やアウトカム評価を検討し、より充実した教育を推進していきたいと考えています。

昨今、社会人基礎力や学士力が叫ばれていますが、どれも高い学力あってのことです。社会で生きていくためには力が必要です。その力となるのが言語、知識、倫理であり技術です。その基盤をつくるのはK－12の教育です。学士課程教育にとって、K－12の教育での成果は欠かすことができないものです。それを遂行するのがK－16教育システムなのです。

今は、どの大学へ何名進学させたかで高等学校の評価がなされていますが、近い将来、何名の卒業生が修士課程、博士課程まで進学しているかが学校ランキングの指標となるでしょう。これが高学歴社会での学校評価となるのです。

学校教育の目標も時代の変化に対応・符合して変革を心がけたいと考えています。

個人情報保護およびハラスメント

学校にかかわる不正・不祥事・事件・事故が連日のように報道されています。違法大麻や、投資による資産の損失、個人情報の流失など、学校の安全確保が難しくなり、誰もが危機感を持っているのではないでしょうか。学校関係者にとっては重く、辛い現実です。

このような中で、本学の個人情報保護活動は、２００５年９月に認証許諾を受けた「プライバシーマーク」が、今年の9月に3回目の認証許諾の更新を迎えます。

学校において個人情報を取り扱うことは日常的であり、気を緩めればその重要性を看過してしまうこともあります。また、ハラスメントも、アカデミック・ハラスメント、パワー・ハラスメント、セクシュアル・ハラスメント等、さまざまな問題と解釈があります。

個人情報の漏洩やハラスメントなどの社会的問題は、私たちが守るべき児童・生徒・学生、および教職員の教育環境・就業環境に悪影響を及ぼします。さらに玉川学園の社会的信用の失墜にもつながり、一度失った信用はなかなか取り戻せません。

学園では、個人情報保護をはじめとする「コンプライアンス」を推進していきます。このことは教育研究活動を継続的に発展させ、そして、我々が安心して業務を遂行できる環境を維持することになるのです。

２０１０年　第81回創立記念日　新年度にあたって

本学を取り巻く環境

２００８年度の統計ですが、日本の大学定員充足率は低下してきています。定員割れ大学の数、率は共に上昇してきていますし、存続に警告灯がつくような定員充足率50％割れ大学も増加しています。この6月には昨年度の統計が整いますが、過去5年間の流れからすると、さらに暗い指数が発表されると予想されます。

ここで明るいニュースとして、本学に新設された施設を紹介します。昨年この場で完成予想図を発表した「Future Sci Tech Lab」が完成しました。ここで研究を進める植物工場（Plant Factory）は最新型ＬＥＤランプと水冷パネルを用いて玉川大学で新たに開発した栽培システムによる完全制御型植物工場を実用化し、新しい食料生産、作物栽培のかたちを提案するものです。今年度は、リーフレタス、サラダ菜を安定して生産するシステムを確立し、生産した野菜を食堂で利用してもらい、新しい農業が十分に実用性と事業性を備えたものであることを実証する計画です。その後は、イチゴ、トマトのほか、ハーブなどの機能性野菜、形質転換作物へと対象を広げ、これらを安定生産する実用技術の確立へとつなげていく計画です。

もう一つの研究施設である超高速量子光通信(Quantum Information)ですが、これは次世代インターネットであるデータセンターを基盤とするクラウド・コンピューティング・システムにとって重要となるものです。

現在は、クラウド・コンピューティングを活用するにも、盗聴用データセンターによる盗聴専門ビジネスが台頭する危険性が指摘されています。その対応策として「新量子暗号Y－00」が提案され、それを通常の光通信技術で実現する方法が玉川大学で発明されました。昨年度には、日立グループの協力を得て、毎秒10ギガビットという大容量光通信に応用できる玉川大学方式量子暗号装置が開発されたところです。

新設のFuture Sci Tech Labにおいて、世界最速の玉川大学方式量子暗号を改良し、それによる世界最長の500キロメートル通信実験を行う計画です。また、基礎研究として、2009年に開発された第2世代玉川大学方式量子暗号であるHirota-09プロトコルの実現技術の研究の開始も予定しています。この第2世代方式は、暗号通信の後で、暗号に用いた秘密の鍵が盗まれても解読されない理想的な暗号システムを目標としています。

この成果は日経新聞をはじめ多くのマスコミで紹介され、実現が期待されています。大容量光通信によるインターネット網の安全性を保証する技術は、21世紀の情報社会を円滑に運営するために必然的なものです。玉川大学で開発された技術が世界のネットワークに導入されることになれば、本学教職員はもとより、児童・生徒・学生に至る全関係者の喜びとなるものです。

世界最先端を走る植物工場や量子暗号の研究がこの丘で推進されていることを、ぜひとも心に留めておいてください。

機関調査 Institutional Research

大学新入生のプロフィールは現在、一般入試とセンター試験利用試験のデータを集積していますが、本学ではこれ以外に指定校推薦入試、公募制推薦入試、学内入試、さらにＡＯ型入学審査などを行っており、これらのタイプの合格者データは収集していません。さらに例えば、合格順位、高校ＧＰＡ（成績平均値）、国語・数学・英語の教科力、あるいは本学を第１志望、第２志望あるいは滑り止めとして入学してきたのかといった具体的なデータは集めていません。また、こうした各種項目ごとの指数で年次を追っての調査も行っていません。

大学では毎年１５０名ほどが中途退学していますが、これもどういったタイプの入学者が中心なのか調査していません。

新入生だけではなく、学年ごとを対象とした調査（リサーチ）を行うことは、学生たちの知的成長あるいは社会人基礎力を培うための付加価値を知ることにもなります。現在、マスコミは受験産業による調査での合格偏差値を公開しています。しかし、この偏差値は高校までの教育の成果であって、大学教育そのものの業績を示す数値ではありません。もし大学が知的付加価値活動を主とするのであれば、入学後、卒業までの追跡調査を行い、卒業時の偏差値でもって大学の教育力を表すべきでしょう。

今のところ具体的にどのような項目でリサーチするのか決めていませんが、今年度、教学部を中心として本学の機関調査（ＩＲ＝Institutional Research）のあり方を検討していきます。学生の成長を調査するStudents VA ResearchもＩＲの一項目となります。Ｋ－12ではこの種のリサーチを学園教学部が中心に行っていきます。

このＩＲから各学部・学科にとって「見たくもない」指数も出てくるでしょう。量や程度の差こそあれ、どの部署にとっても気持ちを暗くする指数はあります。しかし、これは昨今教育機関に求められているマネージメントサイクル（ＰＤＳＡ＝Plan-Do-Study-Act）のＳに相当し、教育改善を行っていく上で避けることができないものです。各種データを集め、それらを「明るい指数」と「暗い指数」に分けることで、本学と本学園の実態がより鮮明になってきます。また、改善すべき点もより具体的になってくることと思います。

私たちの気持ちや意欲を減退させるような「暗い指数」は直視しなければなりません。それは暗い指数＝クライシスだからです。

どの部署もクライシスを抱えていますが、その深刻さや量をもって相互に中傷合戦をしたところで何の前進、改善も見られるはずはありません。また、日本人は「木を見て森を語る」という過ちを犯します。ですから、玉川の一部分のクライシスでも、それは全学のクライシスと見られてしまいます。学校教育が質の時代だからこそ、現実認識を持って全員が協力して改善努力を推進していくのです。Evidence-based assessmentと言われる昨今、本学もＩＲに力を入れていきます。

GP（Good Practice in Education）

２００３年に文部科学省がスタートさせたＧＰプログラムですが、今では大学だけではなく広く社会に定着してきました。これは大学を特徴づける活動ですが、特に他大学でも広く実施可能な活動に対して公的に支援する仕組みが「特色ある大学教育プログラム」（通称：特色ＧＰ）でした。特色ＧＰの推進で、日本の多くの大学が良い教育活動を展開できるとの期待が背景にあったのです。

しかし、例えば、他大学が特色ＧＰプログラムとして認定された活動を本学が真似しても、本学の格が上がるという単純なものではありません。それは本学が持っている資源（リソース）であるヒト、モノ、カネ、情報、社会との繋がりに見合っていなければ、何ら教育的に意味のない活動になってしまうからです。この支援プログラムは別称「競争的資金」と呼ばれていますが、大学はそれぞれに自らの教育活動を特徴づけるために競争しているのが現実です。

従って、同じようなプログラムが二つあれば、大学はbetter programを、三つ以上ある場合はbest

programを推進しようと努力します。いつまでもA大学のGPが特色GPであり続けるほど日本の大学は停滞していません。各大学は学生確保に競争せざるを得ないからです。

さらに大学間相互の競争と、大学と社会との関わりといった複雑なダイナミクスの中で、2000年代のGPが2010年代もGPであり続けられる保証はありません。複雑に変化する環境に対応して、大学もまた変化し改善する必要があります。GPをGPとして続けていくのではなく、PDSAを行い、より善きプログラム（better program）としていくことが重要です。その結果、時代と社会に相応する最善のプログラムとして評価を受けることになるのです。

そのために、大学はそのときそのときに求められている教育とは何なのか、どのように教育を推進すべきなのかを検討しなければなりません。未来は選択できませんが、変化を想定し対応する活動は選択できます。これはまた、教育機関としての「ブランド力」を高めることになります。

昨今、多くの大学は「ブランド力」を高める努力を払っています。この言葉の定義は多数ありますが、その一つは「ブランド力＝顧客からの信頼の度合い」と定義しています。信頼度とは「ある目的を、ある条件の下、ある期間内で達成する確率や能力」です。

本学の受験を検討している親子、予定している親子、そして卒業生を人材として評価し採用してくれる企業、それぞれの観点から本学のブランドを知り、そこから「2020 Vision」を策定し実行していくことがブランド力を高めていくことになります。ビジョン策定作業は部長会を中心に行っていきます。

２０２０Ｖｉｓｉｏｎ

通常、私たちが立てる将来計画は、中期計画とか長期計画などで、具体的な年数の区切りは用いません。これには計画を実施する始まりと終わりが明確でないデメリットがあります。まるで出発点と終着点がはっきりとしていない旅行のようなものです。これに対して、２０２０Ｖｉｓｉｏｎは終点を明示していることが従来と異なります。従来型を積み上げ方式とするなら、これは戦略的に計画（strategic planning）するものです。

本学は２０２０年までに達成させたい事柄、到達したいレベル（目標値）を掲げ活動していきます。その前に、いくつかの概念をはっきりさせておかなければなりません。初等、中等そして高等教育機関は、第三次産業、すなわちサービス産業に属すると言われています。

その「サービス」ですが、国語辞典によると日本語の「サービス」は、①客のもてなし　②特別に値引きしたり景品をつけたりして売ること　③他人のために尽くすこと、となっています。

一方、英語の「service」は、①公益・公共・行政事業の供給とその施設　②上記活動を行う部門部署　③顧客への対応、接客　④尽力、奉仕、貢献、仕事、役目　⑤役立つこと、働き、援助とあります。そして英和辞典には、英語のサービスには日本語にある「おまけ」「値引き」といった意味はないと注意書きされています。

こうして日本語と英語とを並べてみると、教育機関には英語のサービスに相当する活動が期待されていることが分かります。その目的のために存在意義と権利が許可されているのです。

もう一つの課題として教育は消費か生産か、あるいは投資か、という問題があります。教育を「今を楽しむ」(instant gratification) ことを目的とする消費活動と考えるのか、社会に必要とされる人材を輩出する活動 (human resources policy) と捉えるのか、それとも子供が将来の便益のために今の快楽を犠牲 (sacrifice present for future benefit) とする投資と見るのかによって私たちの活動と評価は影響を受けます。

２０２０ Ｖｉｓｉｏｎ策定には、この問いに対する答えを明確にしておく必要があります。そこから10年間で到達・達成すべき事項を決めていくことになります。その枠組みの中で、ソフト面でのプログラム、カリキュラム、教授法などが具体的に示され、そのうえでソフトに必要な施設設備といった建築計画が立てられることになります。

あれもこれもと何でも実施することは不可能ですから、２０２０ Ｖｉｓｉｏｎの中に入れる活動にも優先順位をつけなければ、せっかくのビジョンも画餅となってしまいます。当然、各部間の争いも起こるでしょうが、お互いがgive-and-takeの精神で２０２０ Ｖｉｓｉｏｎ策定を行うよう協力をお願いいたします。この策定作業は大学教学部・Ｋ－12学園教学部を中心として推進していきます。

コンプライアンス

本学は教育活動に必要な費用の80％余りを納付金に依存していますが、さらに補助金という公的支援を受けています。私たちは本学に対する社会からの期待に正しく対応しなければなりません。私立学校として公的な貢献をすること、学校教育に関わる法令と倫理遵守の必要性は明らかです。毎年、私たちの責任を明示し、確認し、適宜適切な行動を取らねばなりません。学校法人玉川学園のコンプライアンス方針に従い、全員一致のもと、国内外から信頼を得られる（幼稚園から大学院までの）総合学園としての教育・研究活動を推進していきます。

昨今、生徒たちの情報の盗難や紛失が報道されていますが、子供たちの情報を守ることは安心で安全な学校づくりに欠かせないことです。どうぞ子供たちの情報や学校情報を我が事のように大切に扱っていただくよう切望します。

２０１１年（創立82周年）

この年、３月11日の東日本大震災により「全学教職員の集い」は中止。恒例の新年度挨拶に代わり、広報機関誌『全人』誌上に理事長メッセージが寄せられました。

平成23年度を迎えるにあたって

３月11日に起きた東日本大震災で被災された方々に深くお見舞いを申し上げます。

戦後最大の災害となった今回の大震災の被害が明らかになりつつある状況下で、本学は卒業式、教職員の集い等を行わない判断をしました。被災地の方々それぞれの困難の独自性と多様性は、決して数値などではかれないものであることを思い、圧倒されます。本学の卒業生、在校生にも被災地の出身者は多数おり、１日も早い復興を祈り、また私たちは何に貢献できるかを考えています。

社会に求められる人を育てるため、全人教育を理念に掲げて玉川の丘を拓き、共に学びあう者が集い、玉川学園は創立82年を迎えました。ここに、新年度を迎えるにあたってのメッセージと、平成22年度の大学卒業生諸君を送る言葉を掲載します。

これからも社会を発展させるために、子供たちの知識を豊かにすることは重要です。今日では、小学校から大学までが知識生産の基礎づくりを担うようになっています。

20世紀初頭では、人類が持つ知識が倍増するのに100年ほどかかっていましたが、現代ではそれは年々速まり、倍増するまでの速度はやがては年単位ではなく、月単位となると予測されています。これはまた、知識の新陳代謝の速さでもあります。そして、それを促進しているのが地球規模での高度情報化です。

高度情報化は、誰もがどこからでも何時でも情報を入手することを可能としますが、さらなる新しい情報への要望が、情報ネットワークの拡幅と高速化を促進し、それが情報生産の速度をよりいっそう高めています。

今後ますます加速度的に変化する社会に対応して、学校教育のあり方も変化していきます。現代のようにネットワークが高度に整備された社会では、はたして従来のような校舎での教育が必要なのかの議論もあります。

この問題に関して一部の欧米の学者は、高速ネットワークが普及するにつれ、校舎は必要条件ではなくなると主張しています。そして近年の遠隔教育の広がりに見られるように、大学教育はますますネットワーク化されていきます。

長い間、学生たちは黒板と教授と対面して授業を進めていました。しかし、玉川大学ではＩＣＴ（Information Communication Technology）の充実により、過半数の授業がBlackboard@Tamagawa（Ｂｂ）との併用で行われています。これは従来の対面授業（Face to Face=Ｆ２Ｆ）に遠隔教育という側面を加えたもので、ネットワーク時代に相応しい授業形態の一つです。

また、大学よりも一歩先んじて教育のネットワーク化を推進してきた玉川学園ではＣＨａＴＮｅｔ（Children, Homes and Teachers Network）により、10年前までは想像もできなかった教育手法で日々の教育を推進しています。

このようなＩＣＴの活用は、これからの教育にとって校舎は必要ないとの印象を与えます。しかし、社会が人間対人間（Ｆ２Ｆ）を基本としている限りにおいて、次世代の社会人育成を担う学校教育も、Ｆ２Ｆの対面授業を重要な基本とすべきだと私たちは考えています。知識社会で活躍するために必要となる知識の量は膨大なものですが、そうした知識を得る手段にＩＣＴは有益であり、Ｆ２Ｆの教育を補強するものと位置づけています。

これからの教育が果たさなければならないことは、限られた就学期間のなかで、知識基盤社会が必要とする知識や技術を子供たちに教えることです。

刻々と変化する社会は、大学にとっても新しい需要を生じさせています。アナログ社会では「アナログ知識」が需要とされたように、デジタル社会では「デジタル知識」が必要となってきます。次世代の子供たちが、アナログ社会からデジタル社会へと変化していくなかで、新しい時代の需要（デマンド）に応え、デジタル社会から取り残されないようにすることが、小学校から大学までの教育に問われています。

確かに新しい時代には、新しい教育のあり方が求められています。しかし、人間が人間であるための「心の教育」も必須不可欠です。玉川学園・玉川大学も時代の変化に対応して形を変えていきますが、玉川の教育信条は時代を超えて普遍のものです。

デジタル知識が普及してきても、知識の正邪善悪を識別する力、価値の有無高低を判定する尺度は必要です。それは科学知識そのものには価値観がないからです。その判断は機械ではなく、知識を活用する人間自らがしなければならないことです。そのための心の教育も、また社会が必要としていることです。

デジタル知識は人間を超える存在を否定するでしょうが、玉川では宗教教育を通じて、人間の弱さや限界を知る機会を持っています。どの時代にあっても、誰もが答えなければならないテーマに、己と他の存在意義を知ること、そして「人間とは何か？」の問いがあります。この問題は時代を超えて人類が挑戦してきたものですが、玉川はそれに向きあう機会を提供していきます。

本年3月11日、わが国は東日本大震災により甚大な被害を受けました。それは自然の破壊力と人間の力との格差を露わにしたものでした。高度成長を背景に自由、権利、快楽、享受を主としてきた日本人でした。しかし、それらの基盤である社会を復興させるには、責任、義務、犠牲、貢献の価値観は欠かせません。

Ask not what your country can do for you, ask what you can do for your country とのケネディー元米大統領の言葉が真に相応しい時です。日本人が１９４５年に焦土化した日本から見事に社会を復興させたことを思い出し、それぞれがこの大震災からの復興に向けて貢献できる力を養う時です。社会貢献できる人を養成する役割は、私たち教育機関の使命です。

平成22年度の卒業生に送る言葉

東日本大震災により被災された皆様に心よりお見舞い申し上げます。
玉川大学はこの情況下での卒業祝賀会および卒業式の式典は控えるべきと判断しました。卒業を喜びあう場は共有できませんでしたが、卒業生一人ひとりに玉川での学びと思い出は刻まれていると信じています。

君たちは、この4年間、玉川の丘で、知識を豊かにするために多くの人たちと共に学んできました。卒業証書とは、その成果への評価です。君たちもここに至るまでには相当の苦労をしたはずですが、しかし、今日こうしてこの丘から社会へと巣立てるのは、ご両親の愛情という支えがあったからです。ですから今日は、ご両親への感謝の気持ちを新たにしてください。

そして君たちは今日まで16年間の教育をはじめ、たくさんの有形無形の恩恵を日本社会から受けてきましたが、これからは大学で得た知識と技術を活かして社会へ貢献するのです。そしてやがて近い将来、君たちのご両親が君たちにしてくれたように、君たちは次世代の子供たちの教育を担う責任を持つのです。

他者への責任を負い、社会へ貢献することが社会人としての基本であり、また君たちがこの役割を担うことで社会も存続していくのです。ですから、大学卒業とは、今までの受益者から新たに提供者へと変わることであり、社会責任を背負って生活を始める日でもあるのです。

中国の教えに「徳育、智育、体育の三育併進」があります。社会にとって、そして社会人にとっても、道徳、学問、健康は重要な価値観です。今日まで学生として、そしてこれからは社会人として三育併進を行う責任が加わります。

君たちは人文科学、自然科学、あるいは社会科学の入り口を選んで進学してきました。そして選択した分野を中心に知識を身につける努力をし、その分野の社会活動を目標にしていると思います。しかし、社会で必要となる知識は人文、社会、あるいは自然と分類されていません。学際研究という表現がありますが、これからは分野を超えて統合された知識が必要となります。そこでも大学と同じく、基本は真理の追究です。

今の最新の知識と言われているものでも、1、2年も経つと古い知識となるほどに知識生産が大規模となってきています。そこには「これで充分」ということはなく、人生が続く限り真理の追究があるのです。いつまでも真理に少しでも近づく努力を続ける君たちであってください。

「知識は力なり」が現実のものとなるのが、知識基盤社会です。社会で生きていく力となるのが知識ですが、知識の使い方を間違えると大きな社会損失となります。知識はある目的を達成するために機能します。しかし、知識を駆使する際に考えねばならない課題は、果たして「目的は手段を合法化するか」です。

日本には、例えば「ウソも方便」であるとか、「終わり良ければ、すべて良し」とあるように、目的を素晴らしく仕立てることで、手段を含め活動全体までも良いと評価する傾向があります。しかし、目的だけが善悪の判断の対象ではなく、実は手段も判断の対象となるのです。政治とカネは政治倫理の問題ですが、善悪の判断は政治だけに限ったことではありません。どの組織にも達成すべき目的がありますが、知識基盤社会となった現代は知識を駆使しての組織活動となります。

加えて重要なことは、知識を正しく使うという道徳観です。何か事件や不正が起きてからの法令遵守や、倫理観や徳育の重要性の認識ではなく、社会人の責任として、常に倫理観をもって知識の暴走を防ぐことを心しておくことです。私たちは、社会の中で生きる力をつけていきますが、その手段も倫理観をもって選ばなければなりません。

いかに知識が豊かでも、達成手段の善悪判断を間違えれば、社会に多大なる損失を与えることになります。残念ながら、どのように判断すれば解決策を得られるという万能薬はありません。その時その時、関連する人たちが情報を集め、考え、そして決断しなければならないのです。それを社会人の責任として果敢に受け止め、それから逃げない勇気ある人を目指してください。

今、多くの社会では競争原理に基づいた活動が主となっています。そうした競争型社会には私たちの利益を確保し、保護してくれる組織はありません。私たち自身の責任で確保するのです。そしてそこには、選択の自由があると同時に、結果に対する自己責任もあるのです。社会組織は集団で行動しますが、しかし、それが個人の責任を軽くすることにはなりません。

行動を共にする人数が多くなると力を発揮します。だからといって皆で一緒に赤信号を無視しても、それが正当化されることはありません。戦後日本の教育は責任を教えてきませんでしたが、グローバル化していく現代において、社会人としての責任は軽くて良い、ということにはなりません。

発する一つひとつの言葉にも、相手に対する責任があるのです。発言の重要さは国政レベルに限ったことではありません。どのレベルにあっても社会責任のある言動は求められています。それを実践することは、また、美しい人生を送ることにもつながります。

今一度、正門にある玉川のモットーを見てください。いかに高度成長し、発達した社会や時代にあっても、多くの問題と課題、そして不幸は存在し、社会は不満に満ちています。評論、批判は、社会を改善していく上で必要なことですが、十分条件ではありません。そして、どの社会にあっても、面白い、楽しい、愉快なことばかりではありません。

もし、我々がより良い社会を望み、そして、もし、そのために誰かが行動を取るならば、「苦しい、いやな、つらい、損な場面を、真っ先に担当する」諸君であってください。

Ask not what your country can do for you, ask what you can do for your countryとケネディー元米大統領は国民に語りかけ、アメリカを繁栄へと導いていきました。多くの問題解決を政府に求めるのではなく、それぞれがどう社会貢献できるかです。そうした時代にこそ求められるのが開拓者精神で、難問に挑戦する気概です。

これからも日本人として高い誇りを持ち、自分の国「日本」を愛してください。そして、日本社会のために貢献できるリーダーシップのある人となって、君たちが「世の光、地の塩」となることを願っています。

２０１２年　第83回創立記念日　新年度にあたって

大学教育の質保証

今日は今年度の入試結果情報を表示しましたが、今後はこうしたデータに基づいて来年度以降の学生と生徒募集を考え、少子化と大手大学による入試市場の寡占化という環境下で、中小規模大学はどう特徴を生み出していくのかを検討していくことになります。各学部と部署にとって特色ＧＰとして誇れる活動を模索することが将来へ向けての目標です。

教育機関の責務を考えていく際、基本となる理論の一つに対応（Correspondence）理論があります。これはすなわち、社会の発展や変化と同じ方向で教育活動も変化していくということです。

これからの社会で求められるのがGlobal Human Capitalです。卒業していく学生たちに共通して必要な力はコミュニケーション能力、つまり言語力です。そして各界のグローバル化を踏まえると、日本語力だけではなく外国語、なかでも英語力が必要となります。教育機関は学生たちが希望する分野で評価される資質が身につくように、カリキュラムを構築していかなければなりません。どういった資質が業界から求められているのかを調査することも大学の責任で、従来どおりの教育では、社会から取り残される卒業生を社会へ送り出すことになりかねません。

就職難はある意味で人的資本の課題です。低い就職率の一因は、経済の低迷のみならず、企業が求める人間と就職希望者とのミスマッチもあると言われています。つまり、人的資本としての十分な条件を備えていない人間が多すぎるということだと思います。人的資源とは働く意思のある人たちですが、人的資本には、さらに基礎基本知識、知識応用力、技術力、思考力、発想力といった資質が備わっているべきです。

就職を希望する学生には、どう企業活動に貢献できるのか、何ができるのか、企業活動を通してどういった社会貢献ができるのかを考えさせることが必要です。しかし、根底には基礎基本を修得する言語力と学修力がなければなりません。

社会が求める人的資本を形成していく過程が「楽しく、愉快」であるはずはありません。また、大学卒というだけで雇用に値する担保を得られる時代でもありません。

大学全入と言われる「大学ユニバーサル化時代」にあって、大学が高等学校以降教育機関（Post-secondary education）となってしまうのか、それとも高等教育機関（Tertiary education, Higher education, Higher learning, Higher institution）として存在できるのかが昨今の課題です。

前者なら、学修の場は教室だけとなりますが、後者なら、大学設備基準に定められている単位を修得しなければなりません。教室内1時間の授業に対して教室外2時間の自習を15週間、計45時間の学修時間が大学での1単位なのです。これを実質化することが、大学での学力担保の第一歩になります。

教育のインプットが、大学が1単位あたり45時間の学修量を提供することだとしたら、教育のアウトプットは、合計45時間の教室内外の学修を学生が学生の責任として行うことです。そして教育のアウトカムとは、その修得を厳格に評価することです。ここまでが学力担保の第二歩となります。

従来は履修単位数さえ満たせば、大学卒業の呼称を得られました。いわゆる履修主義です。しかし、昨今のように大学卒業者数が大卒者採用数を上回る時代、履修主義に依拠して大卒相応の職へ就くことが困難になってきているのは就職データからも明らかです。

また、採用時に問われる学力は従来、大学卒業時の学力偏差値ではなく、入学時の偏差値から推論したような形でした。これでは高校卒業時の学力で4年後の進路までもが決定されてしまうことになり、就職には大学での付加価値は問われないことになります。だとすれば、多くの学生にとって大学は存在価値の低い教育機関となってしまいます。

そうしたマイナスの連鎖を断ち切るためにも、大学で得られる付加価値を大きくしなければなりません。これが質の高い大学教育が求められる背景にあります。

時代は履修主義から修得主義へと移っています。学期ごとの成績平均値をもって厳しく指導し、出席するだけではなく、積極的に授業に関わることを中心に学生たちに学修させてください。社会の期待に応える教育を推進することを本学の核としていきます。

中等教育での学力の底上げ

学力担保が求められているのは大学だけではありません。学力担保ではＡＯ型入試をはじめとする無試験の大学入学が学力低下の一因として矢面に立っています。無試験入学が増えてきているからといって、高校までの教育が修得主義でなくてもよいということにはなりません。大学に進学する、しないにかかわらず、中等教育として学習するべき内容を修得させることは、学校の社会に対する責任です。

「かばんは軽く、教科書は薄く」から、最近ようやく教科の学習内容を厚くする政策へと変化してきています。これは中等教育段階での学力向上と学力担保が社会から厳しく問われてきていることの反映です。併設校においては、その社会からの期待に応えていかなければなりません。センター試験対策も重要ですが、それ以上に大切なことは中等教育を終える子供たちの学力の底上げです。

大学生の25％が「平均」の概念を理解していないと学力低下が嘆かれましたが、それは中等教育段階での「ゆるみの教育」にも由来します。すでにいくつかの大手企業は外国人留学生採用へと動いています。彼らは相応の日本語能力に加え、英語と母国語運用能力を有しているからです。企業が秋入学に賛同しているのは、日本への留学生が増えればより優秀な国際的な資質に富んだ人的資本の確保がしやすくなるからではないでしょうか。

日本人が働ける場所がますます狭まるような事態を避けるためにも、一部の生徒だけの学力を伸ばすのではなく、全体を厳しく学習させて底上げをしなければなりません。早くに手を打つことは社会の成長につながります。その基礎づくりを担うのが学校教育だという認識で教育活動を推進していきます。

中等教育段階においても生徒たちの学習時間の確保を目指します。大学においては単位の実質化を推進していくのも、大学生の学修時間を確保する一環です。加えて、教職カリキュラムの見直しを、中教審の「教員の資質能力向上」部会で進められている議論と並行していきます。教職を目指す学生にさらなる学修をという社会からの要望に応え、教師としての人的資本を高めるためでもあります。「教育の玉川」として教員養成をブランドの柱としていく考えです。

ＥＦＬプログラム

さて今年度からスタートするプログラムにＥＦＬがあります。これは全学部共通科目として導入されるEnglish as a Foreign Languageのプログラムです。

日本では、高校3年次の英語力は大学4年次のそれを上回ると揶揄されています。入試英語の関門を過ぎ、英語の授業時間数を減少させれば、結果として英語力は衰退します。

しかし、グローバル化に直面している企業が求める資質に英語運用力があげられています。それは選抜を主目的とするセンター試験英語ではなく、機能言語としての英語力です。

ＥＦＬとはEnglish as a Functional Languageとも言えるもので、明らかにEnglish as a Exam Languageとは異なる英語です。ＥＦＬは大学選抜に勝ち抜く英語ではなく、グローバル言語として使える、機能的な英語の修得を目指すプログラムです。ＥＵの作業言語が英語となったように、グローバル言語として英語が使われる地域は広がり、これからは多くの社会活動で機能的な英語力は必要となってきます。

大学にしても今後は英語なしで広く世界に最先端の知識と技術を求めることは困難です。知識基盤社会では、知識生産が急速なテンポで進みますが、〈秒進分歩〉で進む知識生産に追いつくためにも、グローバルに普及している英語を修得させることは大学にとっての重要な任務と言えます。それが人的資本を養成することの一つでもあります。

こうした大学の動きに合わせて、中等教育と初等教育段階においても英語教育のあり方を変えていくことを検討していきます。大学４年間だけでは、社会が要望するレベルにまで英語力を向上させることは困難です。早い段階からの外国語教育を強力に推進してこそのＥＦＬです。

すでに初等教育から高等教育まで一貫した英語教育を推進している大学に後れることなく、本学においても機能的、世界的に普及している英語力を向上させるプログラムを推進していきます。

観光学部開設へ

日本の第二次産業業界の海外進出に代わるのが第三次産業ですが、なかでも観光業が注目されています。

福島原発事故以前には7兆円産業と想定されていたインバウンド観光です。観光業は裾野の広い業界でもあり、地域の観光開発を通じて地域の活性化と発展が期待されています。そうした観光政策を受け、この6月、現在の経営学部観光経営学科を観光学部観光学科へと転換改組する申請を出します。

日本では観光学部を設置している大学は数少なく、これから発展していく分野の一つでしょう。本学の観光学部は、ディプロマ・ポリシーとして観光業界が求める英語力達成や必要な資質を付与することを掲げ、そのベースにGraduation Requirementとして2年次秋学期から1年間にわたる海外留学やTOEIC700点以上、累積GPA2・00が組み込まれていることを特徴としています。

定員は現行と同じ90名の予定です。この学部で英語運用力を向上させるために入口での英語力に加え、EFLと1年間の海外留学を必修化しているのは、インバウンド観光とアウトバウンド観光共に英語力は必須条件だからです。これからの産業である観光にとってGlobal Human Capitalは必須条件です。設置審議会での判断次第ですが、予定では2013年度からのスタートとなります。

秋入学の課題

学部での目的でもあるGlobal Human Capital養成に関連するテーマに秋入学があります。

東京大学をはじめとする国立私立12大学が中心となって検討している事項ですが、大学が偏差値による区分けだけではなく、秋入学大学と春入学大学とに二分されることも想定できます。また、秋入学はエリート養成を自負する12大学だけではなく、そこへ生徒たちを送り込んでいる高等学校にも少なからず影響を及ぼすテーマです。

現在、秋入学には大手企業をはじめとする経済界と政府も賛意を表しています。明治時代には9月入学7月卒業だった日本の大学です。実は本学の創立者も7月卒業でした。つまり、今の議論は昔の学年暦に戻るようなものでもあります。明治時代には大学が初等中等教育の学年歴に合わせましたが、平成では初等中等教育が新しい学年暦へ合わせざるをえなくなるかもしれません。

議論が続く間は現状維持で進学指導ができますが、東大では5年後実施を考えての政策立案です。私たちもその5年後を想定しながら、大学と学園の学年暦のあり方を考えていく予定にしています。

「ブランド力」の向上

昨今、多くの大学と学校は「ブランド力」を高め、学生生徒の募集に努めています。この「ブランド力」の定義に、「顧客からの信頼の度合い」があります。そして「信頼度」とは、「ある目的を、ある条件の下、ある期間内で達成する確率や能力」です。これに関するキーワードは以下のとおりです。

顧客…教育機関にとっての顧客とは、学生・生徒？　父母？　雇用主？
目的…顧客から教育機関に期待され、社会から委託されていることは？
期間…コストも含めた機会費用は？
条件…教育を成立させるため、教育サービスを提供する側と受ける側それぞれに課せられる要件とは？

すなわち、本学を受験しようと検討している親と子、卒業生を人材として評価し採用してくれる企業のそれぞれの観点から本学のブランドを知り、そこからブランド力を高めていくことになります。これはどの組織も行っていることですから、９月入学議論も含め、Global Human Capital養成の一部として捉えて、今後の教育政策を考えていきます。

２０１４年に本学園は創立85周年を迎えますが、周年事業の一つとして「ロボカップジャパンオープン」を２０１３年に本学で開催する予定です。

ロボカップは、ロボット工学と人工知能を融合させ、自律移動ロボットを開発するための競技です。２０５０年までにサッカー世界チャンピオンに勝てる自律型ロボットチームを作るという壮大な目的を掲げ、現在ではレスキューロボットや福島原発事故現場で働いている被害復旧ロボットに発展してきています。ロボットは日本が世界に誇れる数少なくなった第二次産業です。次世代の技術を担う人材を育てるジュニア部門も組織されています。

２０１３年にロボカップジャパンオープンを本学で開催することで、ロボット工学での玉川のブランド確立へと繋げていきたいと考えています。

省エネの継続

昨年は３・11激甚災害を受け、異常な経済状況下での学校運営を余儀なくされました。中でも福島原発事故に伴う電力供給低下は厳しく、本学も対２０１０年度比で15％の消費電力抑制を政府から要請されました。そのために大学の授業期間を短縮させ、授業回数はBlackboard@Tamagawaで補い、大量消費電力を必要とする活動の自粛も行いました。

教職員、学生そして生徒たちの協力により、消費電力マイナス15％を達成しましたが、昨年並みの電力供給不足は続きますし、東京電力からも４、０００万円ほどの電気料金値上げ要望が来ています。昨年度に引き続き、省エネをお願いします。私たち個人レベルでの小さな電力節約でも、組織としては大きな省エネとなります。小まめな節電を学生たちにも奨励してください。

また、今月中旬には『教職員のための災害対策基本行動マニュアル』と題した防災の冊子を配布します。従来からの冊子に昨年の経験から学んだことを盛り込んだ改訂版です。いつ来るのか想定できない大規模災害に対して人間がどこまで立ち向かえるのか不安ですが、万全緻密な防災態勢を敷くことで生徒や学生たちを守るという教育機関としての責務を果たすことになります。ぜひ、手元に配布された時点でよく読んでおいてください。

修士課程で学ぶＳＤ

私たちは教育のプロとして社会のために貢献していきますが、今年度からＳＤ（Staff Development）の一環として新任職員４名が教育学専攻「学校マネージメント」修士課程で学びます。いくつかの企業で行われている企業内大学院の学校法人版とも言える活動です。２年間、学校運営に必要な学校法、学校会計、教育理論をはじめとする知識を修得する課程です。21世紀型の学校を運営していく上での基礎となるものですが、従来のＯＪＴの形式ではなく、修士課程で学んでいくものです。

２０１３年　第84回創立記念日　新年度にあたって

ＩＲと教育政策の意思決定

今年度の入試結果が出ましたが、今後はより詳しい入試動向のデータを収集し、本学を取り巻く教育活動と学修環境を分析していきます。学科の専門性を打ち出すうえでは、受験科目を学部と関連した科目に限定する必要がありますが、一方で就職先を見ると、そんなにたくさんの専門家を社会は必要としていません。学士課程でどこまで学修分野を狭める価値があるかの検討をし、卒業生の就職の詳しいデータも分析しながら、教育政策の意思決定をしていくのが、大学進学率が50％を超えたユニバーサル化時代の大学です。

昨今は教育の質の保証や改善が学校教育に求められてきています。教育活動を可能な限り数値化して活用していくのがＩＲ（Institutional Research）です。大学そして学園が自らに関する調査を行い、分析から得たことを意思決定に活かしていくのです。

海外でのＩＲ活動も参考にしつつ統計的分析を行い、先の不透明な時代に備えていきたいと考えます。初等中等教育においても学習と教育環境のデータを収集し、何が特色ある教育として誇れる活動なのかを考えていきます。

教育の国際化

大学教育の国際化が企業と文部科学省から要望されていますが、企業はグローバルな経済活動を推進するための人的資本として、より英語運用能力の高い卒業生を求めています。

一方、定員確保の立場から学生募集の対象を国外へ広げ、留学生が入学しやすい環境をつくる大学もあるでしょうが、欧米の大学がＩＲで使用している指数で評価され順位づけされ、学生募集の競争もより厳しくなります。大学の国際化とは、国際市場での競争化とも言えます。

一般的には、教育の国際化指数として、①外国人教員の増加 ②より多くの留学生を受け入れる ③外国語による授業の割合を高める ④秋入学 があります。

これらは相互に関連していますが、本学にとっての基本は、教育の国際化によって日本人学生が受益者となることにあり、定員確保のために留学生を増やすことではありません。

外国人教員を増やすことについては、「英語を」教える科目として、本学ではＥＬＦ（English as a Lingua Franca）の名称でＴＥＳＯＬ（Teaching English to Speakers of Other Languages）資格を有した外国人教員に担当してもらい、英語力向上の目的で設定しています。

対して「英語で」教える科目の場合、対象となる学科によって必要性が異なります。たとえば日本の小学校教員を養成する場合、英語で授業を進める必然性は未知数です。工学部においてはどうでしょう。新興国は安い人件費で工業化が進んでいて、「品質改善に関わるノウハウ」は英語で教える意味があるし、技術指導の需要に応えるために、Fundamental EnglishやProfessional Englishの資格を修得しておく必要があります。

TPP（環太平洋戦略的経済連携協定）に適したビジネスを余儀なくされる今後を考えると、英語でビジネスを学ぶ必要性は大きいでしょう。芸術分野はと言うと、日本の芸術は世界で受け入れられ、影響も与えてきました。日本の芸術を世界に発信するためにも、英語での理解は必要です。

もう一つ、英語で授業を進める可能性のある科目が、高等学校の英語教員養成です。大学教育の国際化を踏まえて、高校英語の授業を英語で行うように教育の枠組みが変化してきています。教員養成も従来通りの日本語による教育ではなく、デマンドを満たすモデルでもって始めなければなりません。

大学教育の国際化の受益者となるには、高校までに基本となる英語力を身につけることが原則です。その意味で高校英語の改善が鍵となりますが、初等中等教育も動かなければ、大学で国際的な教育を推進するに至りません。国際化へ向けてK－16の一貫性のあるカリキュラムをチューニング*する必要があります。大学と学園とで教育課程を考えていくことを本学の教育の国際化の第一歩とします。

秋入学問題

現在、東京大学を頂点に12の国立大学と私立大学が9月の秋入学への学制移行を検討しています。東京大学は2016年度からの導入を計画しているようですが、今後の三つの方向を仮定してみました。

①当初の計画通りに東京大学をはじめ12大学が秋入学へ移行していく
②12大学だけではなく、偏差値低下を恐れて他大学も追随する
③以前のように秋入学構想は頓挫

現状維持を願う立場からすると③です。①は、高校を卒業する3月から大学入学までの6カ月をギャップ・タームとし、生徒たちがインターンシップや海外研修をする在学空白期間にしています。トップ12大学進学を考えている生徒たちはもともと国家公務員や大手企業への就職を視野に置き、ギャップ・タームもエリートの条件として学習機会損失のリスクと相殺します。

本学はこれらの12大学と学生募集と就職で競合しておらず、①の場合、受ける影響はミニマムです。問題となるのは②で、トップ12大学が秋入学へ、大手企業が6月採用へと移行するのに従い、偏差値の低下を恐れて追随する大学が増える場合です。

ギャップ・タームを学校外で過ごす高卒者が増えてしまうと、空白期間を埋めるための「ギャッ

プ・ターム・ニッチ教育産業」も、企業インターンにしても、受け入れの物理的な限界があります。9月までの半年間、学習指導や生活指導は高等学校の責任となって降りかかってくることへの全体的な対応がどうなるかです。

トップ12大学のほかに相当数の大学が秋始業へとシフトすれば、初等中等教育を秋始業とする学校も出てくるかもしれません。大学の秋入学や国際化に対応できる学年暦のあり方を検討し始めることを考えています。

STEM教育とロボカップ

欧米だけではなく多くの国で取り組んでいるのがSTEM教育です。STEMとはScience, Technology, Engineering, Mathematicsで、数学離れや理科離れを食い止め、さらに理数分野へ進む者を増やすための教育プログラムが大学生だけではなく、中高生向けにも行われています。日本でもSSH（Super Science High school）プログラムがありますが、対象の学校数の割合はまだまだ低く、SSHを引き継ぐ大学のプログラムはバラバラです。高学歴社会での教育の特徴の一つがK－16教育の連続性です。国際的な教育と同様、小学校から大学に至る理数教育のチューニングが求められています。

その契機として考えているのが、5月に本学を会場に行われるロボカップジャパンオープンで、ロボカップは大学生だけでなく、対象を小学生にまで広げています。類似したものにレゴ・マインドストームもありますが、いずれもロボット制作や競技を通して、日本人が不得意としている戦略的思考や論理的な思考力を向上させることができると思います。

ＳＴＥＭ教育を推進して、これからの日本の科学技術発展の裾野拡大へ貢献していきます。

＊チューニングとは、「所定の履修規定プログラムにおける学位の取得時点で学生が何を知り、何を理解し、何ができるようになっているのかを、学生、教員、家族、雇用主、その他のステークホルダーがはっきり判るようにする教員主導のプロセスである」(Tuning American Higher Education, Institute for Evidence-Based change)。２０００年に欧州で始まり、中南米へ、そして２００９年にアメリカに普及した考え方

２０１４年　第85回創立記念日　新年度にあたって

大学ＥＬＦプログラム

学校教育のあり方を説明する理論の一つに「対応原理」があります。教育機関は社会の変化に追随することで、社会に対する責務を果たすことになるというものです。

これからの日本社会で求められるのは、優れたグローバル人的資本です。その基本をなすのは語学力で、グローバル化を踏まえれば、日本語力だけでなく英語力も必要です。

ＴＰＰ加入を機に、日本でもＥＵ諸国のように、複数の言語を母語とする人々と対等にビジネスを行うようになっていくでしょう。協同作業の困難さやリスクを回避するため、ＥＵでは作業言語として英語が採用されています。外国語としてではなく、共通言語としての英語です。日本でも必要になると想定し、本学に導入したのが「ＥＬＦ（English as a Lingua Franca＝共通語としての英語）プログラム」です。

グローバリゼーションとは、世界中の富を巡っての競争です。そこで必要なのは、ＥＬＦを武器として世界を相手に戦うことができる能力です。そうした能力を高める役割を担っているのが大学です。

国際化に対応した新しい教育

対応原理に従い、日本の大学は社会のニーズに即して、「高等教育の国際化」と「グローバル人的資本育成」を進めることになるでしょう。しかし、現状の学士課程の枠組み（4年間128単位）内で社会の需要に応えるレベルにまで人的資本を育てることは至難の業です。また、高校の英語教育が大学入試に焦点を当てている限り、大学での英語教育にはつながりません。高校までの学習が、大学での学修へ有機的に連携している必要があるのです。

私見ですが、今後の中等教育、初等教育の英語は、センター型入試合格を目的としたクラスと、大学のELF教育につながるクラスの二つの流れになると思います。前者を担当するのは日本語による英語教育で成功体験のある教員、後者を担当するのは外国人に英語で英語を教える教授法TESOLを修得した外国籍教員です。英語で英語教育を行うクラスは今後増えると想定されますが、その鍵となるのが外国籍英語教員の確保です。彼らに担当してもらうことで、英語で授業を受ける力が向上し、その結果、大学での学修成果もより高めることができます。

全入と言われる大学ユニバーサル化時代には、進学校だけでなく多くの高校に対応原理が当てはまるようになります。高校も国際化しなければならないということです。今後、大学は英語教育の目標到達レベルを高め、英語での授業を増やすでしょう。国際化を進める大学で恩恵を受けられる力を付与する学校教育＝University readiness schoolingこそが、これからの高校が向かう方向であると考えています。また、こうした高校への対応として、中学校でも国際化が必要となります。そのための政策が小学校英語の教科化です。

今後の日本社会は、仕事で英語を武器として使わざるを得ない時代へと変遷していくでしょう。そこで、今年度はＩＢ（International Baccalaureate）教育と中学校からの英語による英語の授業を前提とした上で、幼児教育と初等教育を一体化したバイリンガル教育の可否を検討したいと考えています。通称「ＢＬＥＳ」（Bilingual Elementary School）です。日本がどれだけグローバル化しても、内需には日本語で対応するのが最適です。したがって、英語力だけでなく、国語と英語のバイリンガル能力の向上を目的とするのがＢＬＥＳ構想です。

既存の教育制度の枠内での構想ではないので、ハードルは高く、実現までには多くの折衝を覚悟しなければなりません。しかし、大学教育の国際化に向けて欠かすことのできない教育です。時代と世界の変化に対応した新しい構想を実現する道を拓いていくことを、今年度の課題の一つと位置づけています。

学科改組と教員養成課程の強化

すでに高校英語は基本的に英語で行われ、中学英語もこれに追随しています。それにともない、小学校英語が「外国語活動」から「教科」になり、中学・高校の英語教諭と小学校教諭の教員養成のあり方が新たな課題となっています。それを踏まえて、今年度、本学の文学部では新たに英語教員養成課程を構築し、２０１５年度にスタートする「英語教育学科」を設置届出中です。

この学科の特色は、小学校英語の教科化に対応して、中学校英語教諭一種免許と同時に小学校教諭二種免許取得の道を用意していることです。現在の小学校教員養成課程は8教科対応型で、このうえ英語指導まで担当するとなるとパンク状態です。専科として中学校英語教諭免許取得者が担当することが構想されていますが、教科以外に小学校教育に関わるには小学校教諭免許が必要です。それを満たすのが「英語教育学科」で、専科担当として教科に関わるだけでなく、小学校教諭として広く教育に関われる教員養成を目指しています。中学校の教科免許と小学校教諭二種免許が同一キャンパスで取得できるのは本学の特長と言えます。

これからの教員養成課程は、今までのように学科専門で履修しながら「ついでの作業」的に教員免許を取得するのではなく、大学卒業要件の中心に免許科目を据えるか、学科専門科目を据えるかを選択するように変わっていきます。ただ、単位の実質化と教科の専門性を担保しつつ小学校教諭二種免許取得を可能にするには、現行の年間32週の授業のほかに、夏学期と冬学期の設定が必要です。この変則4学期制を導入することで年間40週の学修となり、教科専門性を担保しつつ主免許と小学校教諭二種免許取得が可能となります。

変則4学期制の導入が日本の大学として可能か否かなど、解決すべき問題はいくつもありますが、教員養成を大学の柱の一つとしてきた本学にとって、こうした問題に挑戦していくことで「教員養成大学」としてのブランドを確立し、強化したいと考えています。

Early College制度

年齢ではなく学業成果によって進級進学の判定が可能になる飛び級制度のメリットは、成績優秀な生徒の個性尊重です。1年早く大学に入学するので、1年早い就職が可能となり、生涯賃金が高くなるのも利点です。しかし、何らかの理由で大学卒業を果たせなかった場合、社会的身分が「中学卒」になるデメリットがあります。

これに対して、高校に在籍しながら大学の科目を履修できるのが「Early College制度」です。本学では、すでに併設校の12年生後期において、大学の科目を履修できるプログラムを採用していますが、11年次修了時点で履修できる制度を現在検討しています。32単位まで取得可能で、大学入学時に大学2年生としてスタートし、飛び級同様に1年早く就職できることになります。

Early College制度の導入は、私立大学がよりよい条件で国立大学と競うことを可能にします。実現するためには、まず大学がＴＯＥＩＣやＴＯＥＦＬスコアといった客観的なデータを求める必要があります。

さらに、Early College制度を教職課程へ導入して教員養成プログラムを設定することで、本学の教職課程の魅力となり、教員養成の大学としてのブランドにもなります。今年度の課題として考えていく予定です。

２０１５年　第86回創立記念日　新年度にあたって

大学教育棟２０１４

今年は会場を本日より運用を開始した「大学教育棟２０１４」で開催しました。ここに入る「教育学術情報図書館」は今から40年ほど前に50周年記念事業の一つとして構想されました。当時は国際学術会議が可能な施設を含んだ図書館とすることも考えましたが、まず、絶えず増える図書を収容しなければならず、規模を決めるにも案が多すぎて絞りこむのが困難でした。さらに、図書収容規模と建築コストは比例するので、資金が規模に追いつくまでには時間を要しました。

次に図書館建築の課題となったのは学修スタイルです。一人静かに本と向き合うスタイルから、協働学修や対話型へと変化がおこり、新しい学修スタイルと図書館設計の競争でした。三つめの課題は設置場所で、松陰橋を渡った本部台が候補地でしたが、考古学資料埋蔵の可能性があり、正門に近く玉川池を臨む位置に決まりました。

図書館機能も科学技術の進展に伴って複雑になり、いつの時代にも「これで充分」と言える機能を備えた図書館はありえません。こうして２０１４年度の創立85周年事業として建設に踏み出し、本日開館した次第です。この図書館は、
・本だけではなく電子書籍、音声、映像、インターネットメディアなど、マルチなメディアを備えている
・学修の主たるリソースである教員の研究室を備えている
・学修を支援する諸部署を備えている
・雨に濡れずに食堂へアクセスできる　など、学修に必要なメディアをマルチに備えたリソースの豊かさが特徴です。まさしくMultiple Media Resources Centerに相応しい建物です。

学生の主体的な学び

これからの大学教育に導入していくべき学修スタイルが、獲得した知識を対話やグループワークで深化させていくアクティブ・ラーニングです。昨年度から、本学は文部科学省からの補助金を受けてアクティブ・ラーニング研究を始めています。順次、成果を実施に移行すると同時に、他大学での手法も参考にしながら学修スタイルの改善を図ります。

教育費用に見合う便益を生む教育を行わなければ大学が淘汰される時代です。これからの社会に相応しい高次汎用能力を学生に身につけさせる教育推進の一環がアクティブ・ラーニングで、大学

授業の改善はＰＤＳＡで行っていきます。これが大学教育の費用対便益の向上へと繋がり、結果、高い付加価値教育と評価されるのです。

大学ユニバーサル化時代の高等教育においては、大学教員も「生涯学び続ける教師」であることが求められます。これまでの専門分野の研究に加えて、「教育のための研究」も重ねて行ってくれることを期待しています。

このアクティブ・ラーニングは大学だけではなく、２０２０年度から導入予定の新大学入試が、記憶型から思考型へと変わるのを受け、高等学校や中学校でも導入が検討されています。

高校において、大学と類似した学習スタイルを推進することは大学教育準備教育の一つになります。大学ユニバーサル化時代、高校は大学へのfeeder schoolであることを認識し、今大学で行われているアクティブ・ラーニング研究に学園の教員の参加を期待します。

小中一貫校と教員養成

2月に第8期中央教育審議会がスタートし、初等中等教育分科会のテーマは新たにスタートする小中一貫校（義務教育学校）に対応する免許制度となるでしょう。中高一貫校と同じく、小中一貫校でも二つの免許併有が基本となります。しかし、小学校免許は1人の教師が全教科対応となっているのに対して、中学校免許は1人1教科です。

小学校教諭二種免許を得るには、中学校教諭一種免許に必要な単位数に加えて22単位が必要ですが、免許併有の促進のために軽減させる案もあり、現職の中学校教師が取得する場合は条件の緩和も考えられています。

ここで問われてくるのは教師の質保証です。学校教育の質の低下が問われていますが、これは学校というハードの品質が問題ではなく、教師の質の問題であり、大学での養成の問題です。毎年約20万人の学生が教職免許を取得していますが、実際に教職に就くのは約2万5、000人です。これが毎年累積して、いかに多くの人たちが教育学を修めて学校のステークホルダーとして存在しているかを考えると、昨今の学校批判の厳しさも理解できます。

現在、教師の質保証は大学入試の難易度、教職実践演習、そして採用試験合格で行われていますが、社会背景に鑑みつつ、本学でも教員養成課程の改善を「単位の実質化」と「厳格な成績評価」といった大学教育改革の枠組みの中で行うことにしていきます。

大学学部改組

教員養成を本学の柱としてさらに充実させるため、現在は工学部で改組が進行し、農学部では学科増を検討しています。さらに文学部とリベラルアーツ学部を横断して学科再編と教職課程強化のための学科新設を計画中です。

改組は「朝令暮改」との批判があるかもしれません。しかし、免許課程、就職状況、人的資本としての資質の変化といった外的環境が常に大学に影響を与えています。大学にとって都合の良い速度での対応ではなく、外的環境に伴って変化していくことが大学のアカウンタビリティーです。

BLES-K、BLES

2016年度開講を目途に学園にバイリンガルクラスをスタートさせる予定です。BLES（Bilingual Elementary School）は国語（日本語）とELF（English as a Lingua Franca）による「読み、書き、算数」を目的としたクラスで、教育課程校申請を8月に行います。BLES-Kは幼稚園児を対象としたバイリンガルクラスで、BLESへのfeeder class、BLESはIB教育（International Baccalaureate）のMYP課程（Middle Years Programme）へのfeeder classです。

BLESは5年で完成年度を迎える課程です。BLESの生徒たちは6年生からMYP課程へ進学させ、5年間のMYP課程となり、DP課程（Diploma Programme）は今まで通りの2年間です。現在は4-4-4制の小中高一貫教育ですが、並行してIBの5-5-2制が行われ、この5-5-2が完成するのは2024年です。

大学教育の国際化の流れに乗って、各大学は科目の英語化を進めています。日本の大学がバイリンガル化する方向にあるのは今後の日本社会がTPPに対応し、政治・経済活動がEUのようにグローバル化するからです。ＥＵでの作業言語が英語であるように、今後の日本社会の作業言語は日本語と英語となり、人的資本にはバイリンガルが欠かせない能力となります。大学授業のバイリンガル化にあたっては、まず学生たちが大学入学前にバイリンガルで授業を受ける力を蓄えておくことが必要です。

現在も大学教育の国際化を想定してＩＢ教育を推進していますが、ＩＢスタート時点での英語力を担保し、ＭＹＰとＤＰの成果を上げるために、初等教育段階からの日本語とＥＬＦによるバイリンガルの教育強化策を行います。

本学の研究活動

今日は本学の研究活動の報道も紹介します。まず、全米物理学会（American Physical Society）により収録されたＹ－00量子暗号（Quantum English Cipher）です。この研究は日本での評価以前にアメリカで高い評価を受け、現在Ｙ－00量子暗号の実現を、本学とアメリカのＭＩＴとで競争しています。世界最先端の技術開発の研究がこの丘で行われています。

もう一つがＴＢＳ特別番組で報道された本学の脳科学研究です。同じ現象に直面しながら、なぜ人はそれぞれ異なった考えと行動を取ろうとするのか。脳のしくみを究明する脳科学は人類にとって究極の研究です。

２０１６年　第87回創立記念日　新年度にあたって

ＥＳＴＥＡＭ教育の拠点

「教育学術情報図書館」が創立85周年事業として完成しました。単位の実質化を受けて教室外での学修時間数が増え、学生たちの学修施設利用も増えました。前年度比が入館学生延べ人数は2倍強、貸出図書冊数は47％増でした。アクティブ・ラーニングが推奨されている昨今、今後もこの数値の定着を期待しているところです。

大学生の学修スタイルにも大きな変化が起きています。机や椅子の形状、ホワイトボードとＩＣＴ機器との関わりなど、科学技術の進展と人間工学の影響を受けて、学修スタイルの多様化はさらに進むでしょう。創立90周年事業で建設予定の教室棟の設計は最新の施設設備となるようにしたいと考えています。

今年度新たになった施設は、まず、大学5号館を改修した「ELF Study Hall 2015」です。全学部の教科「英語」をＥＬＦへと転換しますが、その授業専用にデザインした教室を30余り用意しました。今年度は延べ約2、500名がＥＬＦを履修予定ですが、施設の基本設計コンセプトは非日常性です。2階のＥＬＦラウンジの自学自修ゾーンとグループ学修ゾーンはいずれも大学の伝統的な設計とは異なり、教室の内装、色彩も非日常的な学修空間としました。多国籍な教師たちによる授業やディスカッションだけではなく、教室の雰囲気までを非日本的とすることで、「日本語で英語を学ぶ」から脱却し、ＥＬＦ学修に資すればとの設計思想です。

ちなみに、ＥＬＦを全学履修のプログラムとして推進し、建物にもＥＬＦの名称を冠しているのは本学が唯一です。

もう一つの新しい施設は「アクア・アグリステーション（ＡＡＳ）」です。先行しているFarmtoryはＬＥＤと水耕栽培を組み合わせた本学独自の施設で、今年度から低カリウムレタス栽培の研究も始めます。これは透析患者をはじめ腎臓に問題を抱えている人たちが安心して食べられる野菜です。この研究は帝京大学医学部と連携してのプロジェクトです。そして、ＡＡＳは水循環技術で海産物養殖をする本学独自の施設です。海産物の需要と供給は、今後の世界人口と経済開発に伴って著しくアンバランスになります。現在需要の約半分をまかなっている養殖は海に依存し、魚の病の蔓延や自然災害、残った餌や魚介類の排泄物による環境破滅（赤潮や水質汚染）のリスクがあります。水温上昇と気候変動も加わり、沿岸地域での養殖はやがて限界を迎えます。

本学では長年にわたりＳＥＡ（School Environment Analysis）で上水管理、排水処理、水質分析といった水処理技術を蓄積してきました。この技術を応用して、海水を浄化、循環して再利用することにより、ほとんど水交換せずに海産物を飼育する技術が開発されつつあります。

ＡＡＳの研究の正式名称は「完全閉鎖循環式陸上養殖」で、持続可能な未来の水産業の創出をめざして実証研究を行っています。さらにここでは、Ｋ－16連携の拠点としてＳＳＨ（Super Science High school）と共にサンゴ養殖研究も行います。生物多様性の保全という研究課題に挑戦するＳＳＨの生徒たちを支援します。

Farmtoryもこのａ ＡＳも、ＳＴＥＭ（Science, Technology, Engineering, Mathematics）教育研究の一環です。大学は基礎研究を主としてきましたが、これからのＳＴＥＭ教育は産業界との連携を取りながら、日常生活への貢献を使命として推進していくべきです。

本学では、科学と芸術の融合も考えています。例えばライト・アートに見るように芸術分野も最新のテクノロジー抜きには成立しません。すでに欧米ではＳＴＥＭにArtsを加えたＳＴＥＡＭ教育が起こっています。日本社会の国際化を踏まえれば、Englishを加えたＥＳＴＥＡＭが日本の教育の一つの柱になると考えます。

今後キャンパスの北エリアはＥＬＦ、ArtsとＳＴＥＭが融合されます。ここを本学のＥＳＴＥＡＭ（音はEsteem＝尊重、価値、評価すると同じ）エリアへと発展させたいと思います。

三つのポリシーとIR

さて、日本全体で減少傾向にある18歳人口の予測値に現在の大学進学者の割合を当てはめてみると、私立大学進学者は、2018年には現在比でマイナス約9、500人、2030年へ向けてはマイナス約9万1、000人と、厳しい数値が予測されています。

昨年度、定員割れした私立大学は43・2%で、9大学が廃校し、募集停止は6大学です。定員割れ大学は地方に多く、反対に大都市の大学を中心に定員超過しています。そして、入学定員数に比例して定員充足率も良いのです。つまり、私立大学に関しては大都市大学が地方大学から、大規模大学が小規模大学から学生を奪い取っているのが分かります。

大規模大学に吸収合併される地方の小規模大学の増加や、遠隔教育手法の活用で複数の大学のグループ化も想定されます。アメリカなど海外でのケースを前例に、日本でも大規模大学をキー大学として地方小規模私立大学がグループ化することも考えられます。

さらに18歳人口が減少する2030年に、どの大学も定員を変えず現在と同等の人数を入学させようとすると、合否を決める学力の分岐点を低くする必要が生じるでしょう。入学時の学力が低いと卒業時の学力も低くなりますが、しかし、大学は学生を受け入れるだけではなく、それなりの付加価値を高めて社会へ送り出さなければなりません。

大学には三つのポリシーがあります。例えば、多くの教育委員会は英語教員に英検準1級をミニマムレベルと設定してきます。すると、これが英語教員として社会に出るためのディプロマ・ポリシーです。そのレベルに達成させるために教職科目とＥＬＦ科目、留学プログラムをどう編成していくかがカリキュラム・ポリシーです。そこから入学時のレベルを設定することがアドミッション・ポリシーとなります。

このように三つのポリシーを考えていく一方、学生数確保をしなければなりません。

本学はＡＯ入試と指定校推薦入試の入学手続き率はほぼ１００％で入学者数が読め、アドミッション・ポリシーを当てはめれば、入学時の平準化、学力担保ができます。難しいのは一般入試です。アドミッション・ポリシーは一般入試を前提に作成するので、学力担保はなされているように見えますが、合格者の入学手続き率は年度ごとに変動し、過去のデータが参考にならない現実があります。

今後はＩＲの一環として入学手続き率とアドミッション・ポリシー、学力担保とを関連させて判定を行うと同時に、ＡＯ入試と指定校推薦入試のあり方を見直していく必要があります。

進学する価値ある大学に

さきほどの三つのポリシーを作成するにあたって重要となるのが、大学の魅力です。これは大学の質とも強く関連するだけでなく、学生募集にも、就職をさせる際にも重要になります。

大学ユニバーサル化で大学進学率が50%を超え、今は高校生に進学する魅力を明確に示す時代です。そして社会人になってからも価値ある進学であったと評価してもらう時代です。IRの一環にもなりますが、今年度は三つのポリシーとも関連させ、大学の魅力とクオリティーを考えていき、その枠内で学部と学科の魅力を考えていきます。

現在、玉川大学への入学志願者は約9、000名ですが、魅力度＝質とすると、彼らにとって本学の魅力は何があるのだろうか？　を三つのポリシーに照らし合わせた上で具体的に探るべきです。大学教育の質＝知識の量、知識分野、技術、知識と技術の応用力、日本語力、ELF、そしてGeneric skillsと言われますが、例えばGeneric skillsとは何かは明確になっていません。

今、中央教育審議会で、職業専門大学構想が審議されています。業界にダイレクトにつながる学部教育です。本学でも、観光学部は観光業界の人材養成を目的としていますから、今後のカリキュラム編成によっては職業専門学部という性格を前面に打ち出して学部の魅力とすることも考えられます。広い意味で教員養成も職業専門学部として位置づけすることも考えられ、研究は修士課程で行うことになります。

中教審の構想と並行させながら、本学も大学の質の在り方を検討していきます。それは18歳人口の動向に焦点を合せた学部改組へとつながるでしょう。

改組には常に「朝令暮改」ではないかとの批判もあります。しかし、免許課程が変わる、就職状況に変化が起こる、人的資本となる資質が変わるといった外的環境が常に大学に影響を与えているのです。それに対応するのは大学にとって都合の良い速度であってはならず、時代の変化の速さと需要に対応した決断こそ大学のアカウンタビリティーとなります。

BLES－K、BLESの取り組み

今年度から学校教育の新しい枠組みでBLES－K、BLESがスタートします。当初、1クラス35名定員予定でしたが、想定外の人気もあり、2クラスでスタートすることになりました。ここで目指すのは国語（日本語）と英語の「読み、書き、計算力」の向上で、多くの大学が進めている教育の国際化を追いかけるようなプログラムです。

大規模大学では18歳人口減対策として大学の国際化を推進しています。単に英語教育を強化するだけではなく、英語でコンテンツ授業を行う科目も増やしています。その目的は日本人の英語力を企業が満足するレベルに向上させることですが、もう一つの目的は海外からの学生募集です。

各大学は科目の英語化を進め、大学はバイリンガル化する方向で進化していると言えます。それは今後の日本社会がＴＰＰ化し、政治経済活動がＥＵのようになるからです。ＥＵでの作業言語が英語であるように、今後の日本社会の作業言語は日本語と英語のバイリンガルになると想定でき、人的資本としてバイリンガルは欠かせない能力となります。

大学の国際化は少数派である留学生のためだけではありません。高等教育の恩恵を受けるためにも、入学前からバイリンガルで授業を受ける力を蓄えておくことが必要です。

現在も大学教育の国際化を想定してＩＢ教育を推進していますが、ＩＢスタート時点での英語力がある程度担保されていないとＭＹＰとＤＰの成果の向上につながらないことが明白になってきています。それを受けてＩＢ教育のクオリティー改善に資するため、初等教育段階からの日本語とＥＬＦによる教育強化策となった次第です。

２０１７年　第88回創立記念日　新年度にあたって

教育の質保証とＩＲ

日本社会の高学歴化による大学ユニバーサル化に伴い、教育機関の質保証が厳しく問われるようになりました。これからは、自己点検調査研究であるＩＲ（Institutional Research）が教育の質向上のために不可欠です。

例えば、中途退学者に関してＩＲで詳しく退学理由を調査する必要があります。入試種別、入学時の学力、志願書の内容、高校ＧＰＡといった独立変数による調査が欠かせません。日本の場合、退学率の低い大学は教育の質が高いと評価されます。ＩＲの結果を入試方法、成績評価、学修支援の体制づくりに反映させていくのです。

また、ＩＲによる就職調査も不可欠です。大学には新たに社会への移行機関としての役割が加わってきています。

入学時のプロフィール、履修歴と単位取得率などを就職との関連で調査することは、就職を有利に運ぶためのカリキュラム改善の参考になります。就職での「面倒見の良さ」は昨今の大学の重要な便益です。教育の付加価値を示すことにもなり、各学部それぞれにもＩＲが求められます。

ＰＤＳＡを確立することは教育の質保証のための手段であって、目的ではありません。重要なのは改善の新たな計画を作ることで、そのためにＩＲが欠かせないのです。全学でより積極的にＩＲを行い、中途退学者を減らし、定員充足と就職率向上を目指し、Ｋ－12では大学進学率向上のための改善策を導き出していきます。

安全安心な建物

子供たちが安心して学べる環境を整えることも教育の質保証の一つです。

本学でも建設時には耐震基準に見合っていても、今の基準では旧耐震構造の校舎があります。これを新耐震基準に引き上げるには財政に多大なる負荷が掛かりますが、新校舎を建てるチャンスと捉えるべきだと考え、大学教育棟２０１４をはじめとする大学校舎新築計画を推進してきました。その結果、本学で今年度の作業が完了する時点での耐震率面積は58・８％、校舎数では62・３％となり、２０２７年には国立大学並みのレベルに到達します。

さらに、学校の什器備品の設計に最新の人間工学が取り入れられ、教室の設計にも変化が起きています。机や椅子の形状だけではなく、ホワイトボードとＩＣＴ機器との関わりで配置も変わってきました。

教育ハードとソフトは同軸の輪です。来るべき時代に見合った教育を進めるため、今後も国内外の大学施設整備に関する諸会議から情報を得ながら校舎内外の設計を立てて建築を進めていきます。

De-Siloing of Department Silos

大学はいまや象牙の塔ではなく、門戸は社会に広く開かれています。にもかかわらず、まだまだ学部中心の教育が行われ、学際的な学問への壁があります。Department Silo（学部サイロ）とは閉塞した学部のことです。

STEM教育にArtsが加わったSTEAM教育は、文系と理系を融合させる教育です。本学でELFを加えてESTEAMとしているのは学部横断型、学部相互乗り入れ型の教育を目指すためです。学際的な学修推進のためには学部サイロの壁を低くすることから始めなければなりません。例えば、本学では学部を横断して中学校教諭一種免許と小学校教諭二種免許のダブル免許取得が可能で、小中一貫教育学校、義務教育学校に通用します。

学部サイロ型の学びにとどまっていると、就職で求められる能力を修得しにくくなります。「脱学部サイロ」はこれからの高等教育の流れです。

2030 Vision

1 Bilingual Education School/University

21世紀は国境を越えてヒト、モノ、カネ、情報が激しく流動する時代です。国際的な教育をどう進めていくかは2030 Visionのテーマです。その一つがBilingual Education School/University構想です。

玉川でスタートしたBLESは、海外の大学へのフィーダー・スクールとして実績を上げているIBへのフィーダー・プログラムです。このBLESとIBとを拡大したものが、「School Going Bilingual」です。

政治経済を含めた国際的な諸活動は日本語だけでは成り立ちません。作業言語を先方の言語にするか、それとも各国に通用するELFかの選択となります。

国際社会での活動だけではありません。日本の人口推移はマイナス傾向で人口ピラミッドは逆三角形ですから、今後の製造業やサービス業の労働力は、東南アジアのほか、アフリカや中南米などに求めるようになります。さらに核家族化、高齢化社会の維持のために生活を支える部門も国際化し、生活言語でもELFが必要となるでしょう。

厳しい未来、今以上に外国語学修の必要性は高まり、社会コストと便益からすると、最適なのは国語（日本語）とELFによるバイリンガル教育だと考えています。

大学4年間だけでなく、大学までの12年間あるいは15年間でバイリンガル力をつけておくことが、大学教育の基盤となります。Going Bilingual政策は2030 Visionの柱です。

観光学部では今春の卒業生92名中75名がTOEIC700点以上を取り、学部平均は715点でした。結果、バイリンガル必須の業界への就職率が高まりました。今後は教員を含めたより広い業界への就職に高度なELFが必要となるでしょう。その需要に応えるのがSchool Going Bilingualです。大学の授業の英語化も検討します。

2 K－16 Curriculum Alignment

大学ユニバーサル化で学校教育を6－3－3－4と区切らず、K－16として捉えます。なかでも中等教育の延長として大学が提供する科目は、学年ごとではなく大学教育までつながるように教科内容を機能的合理的につなげて構築するのがカリキュラム・アラインメントです。その一つとして現在、K－16ELFを検討しています。

3 Early College

「アーリー・カレッジプログラム」とは、教職志望の生徒が成績を条件に12年生次で大学科目をElective Collegeとして32単位を履修できるもので、通常より1年早く就職可能となります。

複数の学部ではBA／MA5年プログラムを検討中で、アーリー・カレッジを組み合わせれば、

Ｋ－12の生徒が22歳で大学院修士号を修得でき、教職課程の費用対便益が向上します。国立大学と競合していくプログラムです。

ＡＩＢｏｔ研究センター

今年度より「ＡＩＢｏｔ研究センター」を立ち上げます。正式名称は「先端知能・ロボット研究センター（Advanced Intelligence & Robotics Research Center）」です。

今後のロボット開発の核となるのがＡＩ（Artificial Intelligence＝人工知能）です。政府は人工知能技術戦略会議を立ち上げ、産学官に人工知能研究の拠点をつくる計画を進めています。その一環で経済産業省および新エネルギー・産業技術総合開発機構（ＮＥＤＯ）から、玉川大学にも拠点となる研究組織立ち上げの打診がありました。

そこで本センターでは、人間の研究としての人工知能およびロボティクス研究を進めるにあたり、21世紀ＣＯＥ、グローバルＣＯＥからつながる脳科学の研究を活かせる玉川独自の研究と、Ｋ－16一貫ＳＴＥＡＭ教育としてのロボットおよびプログラミング教育などを反映することを特色としました。21世紀の学問分野だと期待しています。

２０１８年　第89回創立記念日　新年度にあたって

90周年記念活動

来年は創立90周年です。この3月には学友会と創立記念事業委員会を設置し、学友会を交えて創立記念活動の企画を始めました。創立90周年記念行事は来年11月28日、横浜アリーナを会場にして、幼稚部から大学、学友会会員が一体となった総合学園らしい企画を立てています。

90周年記念事業である校舎更新は、「久志晴耕塾」「保健センター健康院」「STREAM Hall 2019」「Consilience Hall 2020」です。また出版部から刊行中の『こども博物誌』（全12巻）も90周年記念企画で、伝統ある玉川の児童百科を新しい形で世に問うものです。

教育環境充実のため「ゆめ90募金」も始めています。１９２９年に生徒１１１名、教職員18名でスタートした学園がここまで成長できたのは、節目ごとに全学一体となって建学の精神を再確認し、相互協力の意識を高めてきたからです。周年記念行事とは過去の業績を振り返り、先の目標を新たにする機会です。

大学統合

先月、名古屋大学と岐阜大学の運営法人統合が報道されました。従来の一大学完結型の教育では、この先の18歳人口減少を受けて運営が厳しくなります。国立大学は人件費比率60％超えで、年々減り続ける運営費交付金では追いつきません。その運営費をより効率的に活用するのが大学統合です。

一方で私学、とくに人口減が著しい地方では、授業料収入減も人口減に比例し、経営困難です。そこで検討されているのが国公私立大の一体運営で、地域の国公私立大が仮称「大学等連携推進法人」という一般社団法人を立ち上げ、大学教育を行う方式です。大学間での単位互換、必要教員数の規制緩和、共同研究をはじめ、教育や運営業務、入試業務の共通化などが特徴となるようです。

一般社団法人内の私立大学は私学のようで私学ではなくなるでしょう。やがて20年後には全国約10万人の入学定員枠数の過剰が試算されています。学生争奪戦が激化し、大学はますます弱肉強食の時代となります。大学等連携推進法人構想には、地方の小規模大学が破綻する前に大手大学が囲い込み、グループ化する意図もあるのではと思われます。

この環境の変化の中で、これからの私学は伝統として積み上げてきた教育と研究活動を継続するために、いっそう経営の健全化が必要です。私学補助金も減少しており、今までの枠組みにとらわれない政策で少しでも本学の運営費を増やすことを検討中です。

大学のCostとBenefit

大学を卒業することの付加価値は、まず高等学校では得られない知識を身につけることです。付加価値ゆえに大卒者の生産性は高いとされ、生涯賃金は高卒者を上回ってきました。この根底にあるのは人的資本の考えです。

人的資本をベースとした大学の費用対便益の計算が釣り合うためには、人材への需要と供給のバランスがとれていることが前提です。しかし需要と供給が等しくなる完全経済（Perfect Economy）はありえません。だれもが望めばどこかの大学に入学できてしまう大学ユニバーサル化時代の大学は、大学名だけではなく価値を付加して学生を社会人へと養成するための移行機関です。高度成長期に大卒という学歴だけで就職が担保された時代は終わったのです。今後、約10万人の入学定員枠数の過剰を受け、どの大学も定員を見直さねばなりません。学びに積極的な学生を募集するためには大学のブランド力が問われ、安定した組織への就職率こそ、学生を集める大きな魅力となります。

学部が継続していくのにキャリア教育は欠かせません。大学は「名をあげるために、就職率で身を立てる」時代、この大学淘汰を勝ちにいく覚悟を持たねばなりません。

教職

教職課程を提供している大学にとって、教員採用率は大学の評価指標となるものです。少子化を受けて、教員採用数は減っていますが、教員志望の学生にとっては大学の費用対便益は採用か否かです。本学の採用率は国立大学と比べて決して良いとは言えず、今後の教員養成を点検調査しなければなりません。

新しい教職課程コアカリキュラムの公示は遅れて昨年11月末、再課程認定申請書提出はこの4月末に延期されましたが、今回はより厳しい審査とのことです。中央教育審議会では、教職課程を提供する大学と受講生の多さが指摘されました。採用率が低ければ教員免許の粗製濫造と批判を受けても仕方ないし、また教職課程は学生募集のためだけに活用されるものでもありません。

教員の質保証は教職課程の質保証と一体で考えることです。教師教育リサーチセンターと歩調を合わせて進めていく努力をお願いします。

学校現場のニーズ（Demand）にあった養成（Supply）を行うために、教職課程コアカリキュラムの導入は採用側からの強い要望です。今、「実践的指導力のある教師」が求められています。公立学校のステークホルダーの要望に応える教員養成が大学の役割です。

小学校の教科が増えるのにともなって、ようやく文部科学省は小学校免許取得に必要な単位数の見直しを始め、教科コアカリキュラムを俎上に載せて、養成・採用・研修の一体化を進めようとしています。

多くの第二次産業と第三次産業の生み出す製品が、優れた性能を追求してProduct Outすることから、消費者の好みや需要や感性にマッチするようMarket Inへとシフトしているように、これからの教員養成も社会の変化に応じてパラダイムシフトすべきです。教員養成をUniversity OutからSchool Inへと変えることが本学の課題です。

英語

英語は今、再び教育界の話題です。中学校と高等学校では、英語で英語を教え、英語の4技能をまんべんなく教えること、大学入試では従来と違う試験が提唱されています。2020年度より小学校英語導入も決まっています。

本学園ではBLESで小学校英語に対応し、今後は一条校課程においても英語の強化を検討しています。それは本学園のステークホルダーの要望に応えることです。

中等教育段階の英語は大きく三つのプログラムが考えられます。一つめがIBで、海外大学進学を前提とし、英語力測定にSAT、TOEFL、IELTSといった尺度を用います。二つめは内部進学者向けに、玉川大学に準じたELF型英語プログラムを推進します。三つめが他大学進学者のための大学入試型英語です。センター入試を代表とした受験準備型の英語教育です。

新しい英語教育導入のためには、その任にあたる教員の在り方にも変化がともないます。大学入試が変わるのですから、中高の英語教育も変わり、英語教員養成も変わらなければなりません。昨年、この場で学部学科の脱サイロとBilingual Education School/Universityを取り上げました。日本の教育はガラパゴスだという指摘に対し、対策として考えているのがBilingual Education School@Tamagawa（BES@T）です。

教育の国際化、グローバル化の是非、可否を議論するだけではなく、形として推進することが教育の開拓者としての玉川の使命です。英語教育は今年のテーマとして引き続き考えていきます。

２０１９年　第90回創立記念日　新年度にあたって

私学を取り巻く厳しい環境

昨年同様に私立大学を取り巻く環境が厳しいことに変わりありません。文部科学省の調査では、私学は６０３大学あり、大学全体の77％、学生数は全体の約73％を占めています。私学全体で定員割れ大学数は２２９校から２１０校と昨年よりも減少しましたが、実は50％割れの大学は8から11大学に増えました。今後10年間の都内大学定員増抑制政策をもってしても、地方大学は定員減が続くと予想されています。

厳しい状況から脱する一つの手段はアジア圏からの留学生募集です。入管法の改正もあり、日本での就職を狙う留学生が増える見込みです。しかし、すでに不法残留の問題なども起きており、留学生で定員補充を狙う地方私立大学にとっては難しい展開になります。

私立大学が定員充足にこだわるのは、授業料収入のためと、国からの補助金のためです。２０１８年度の国立大学への運営費交付金は２０１７年度と同額の1兆９７１億円でしたが、私学への助成金はマイナス5億円の3、165億円です。これら補助金を学生一人当りの金額に換算すると、国立大学は180万1、000円ですが、私学は14万7、000円です。

私学助成金は年々漸減し、多くの私学が事業活動収支差額をプラスにするのが厳しくなります。本学も例外ではありません。教育活動の向上と事業活動収支差額とのバランスを取りつつ、持続可能な経営を目指していきます。

90周年記念活動

今年で本学は創立90年周年を迎えます。90周年事業として施設を新生していますが、昨年9月には新健康院が完成しました。健康院の名称は創立以来ですが、施設登録上「保健センター健康院」となりました。「NCRe（Nishimatsu Comfortable・Communication・Customer Residence）」は本学の女子学生のための寮でキャンパスに非常に近く、今年3月に出来上がりました。

建設中の「STREAM Hall 2019」は2020年1月の竣功を目指しています。「Consilience Hall 2020」は2021年3月竣功予定です。Consilienceは「推論の結果などの符号、一致」という意味がありますが、『Oxford Dictionary』では“agreement between the approaches to a topic of different academic subjects, especially science and the humanities”です。文理融合を目指すSTEAM教育に合致するとして、この名称を付けました。

創立90周年記念式典

創立90周年記念式典は11月28日に横浜アリーナで行い、式典名は「玉川の集い　夢を拓く」です。昨年の3月に学友会と共に創立記念事業委員会を設置し、佐藤敏明学友会会長と共に創立記念活動案を企画してきました。幼稚部から大学、そして学友会員などが「三位一体」となった総合学園らしい企画を立てています。

今年度は創立90周年記念の冠を付けた行事をほかにも企画しており、「ゆめ90募金」も用意しています。１９２９年に生徒数１１１名、教職員18名で始まった学園が1万名を超える総合学園に成長できたのも、節目ごとに全学が一丸となって記念行事を催し、建学の精神を再認識し、さらなる相互協力の意識を高めてきたからです。昨年もこの場で伝えましたが、周年記念行事とは過去の業績を振り返り、先の目標を新たにする機会です。

学部改組・改革

今年度も定員以上の入学者を迎えた学部と、補欠制度で何とか定員を確保した学部があります。志願者動向の影響も受けますが、高校生とその父母、進路指導の高校教諭の観点も、将来の就職市場、入学しやすさなど、毎年変化するのは当然です。

卒業生を採用する企業側も、学部への需要は多様です。例えば学部学科の名称から受けるイメージも疎かにはできません。大学側も世界の動向に標準を合わせた新しい学びを提供しようとしたとき、伝統的な学部学科名称の枠には収まりきらないことがあります。

受験生、大学、企業の三者が誤解しない名称を考えるのは難しく、また、21世紀社会に相応しい科目も考えなければなりません。このことから現在、本学のいくつかの学部で学科新設を含めた改組の検討を始めています。

1　リベラルアーツ学部

リベラルアーツ学部では、1学科にしてメジャー制かプログラム制で社会・人文・自然科学を学ぶようにするか、あるいは複数学科とするかの検討を始めています。欧米の大学では学士課程全体でリベラルアーツを提供してきたのに対し、日本では学士課程は細分化されてきました。そうした土壌の中で今後の社会に適した学問を提供する学部改組を、他大学の動きや就職市場を考慮しながら検討を進めます。

2　芸術学部

パフォーミング・アーツ学科は、演劇系と音楽系の入学者に偏りがあります。このバランスを是正する方策として現在、音楽学科、メディア・アーツ学科、そして演劇・舞踊学科の3学科体制を検討しています。

高校生には、音楽、美術、演劇、舞踊としたほうが進路選択しやすいし、採用側からも理解しやすいと考えています。芸術系は景気の影響を受けやすい学部ですが、それを乗り越える科目を考えなければなりません。将来に向けて、学部の体質を強化する改組です。

3　農学部

本学の農学部の特徴は志願者数が隔年で上下に振れることです。定員超過した翌年は合格者を絞るため、入学難と理解され志願者が減る、すると合格ラインが下がるので、また翌年は志願者増となる。都内で農学部を持つ他大学の入試にも左右されます。安定した志願者を確保する学科体制は長年の課題で、引き続き今年度も検討を続けます。

昨今、農業の六次産業化が提唱されていますが、農学部の課題はいかに農業の第二次産業化を考えるかです。一昨年、分野横断型の教育研究を目指す脱サイロを取り上げましたが、農業の発展には他の理系学部の協力が欠かせません。こうした傾向を踏まえて、将来の農学部の在り方を検討していきます。

4　工学部

農学部以上に課題を抱えているのが工学部です。「鉄は国家なり」のピークを越えたことも科学技術、理科離れの一因かもしれません。

しかし、社会の高度情報化が進展する時代だからこそ理系学部の活躍する場面は多くなってきます。例えば、相模原にあるレタス生産工場ではＬＥＤ、ロボットとＡＩがフルに活用されており、従来の農学部的なアプローチだけでは不可能であった生産量を得ています。農と工の共同研究で日本の食料安保の課題解決に貢献できるのではないでしょうか。

工学部も農学部同様にＳＴＥＭという大きな傘の下で変化していく時代にきています。18歳人口が減少し続け、日本の社会構造が大きく変わる未来を見据えて、学部も大胆な改革を遂げる覚悟がなければ生き残っていけません。

5　観光学部

今年も観光学部は定員超過です。オリ・パラリンピックや観光を核とした地域振興ブームが追い風となって、勢いがある学部です。

学部のディプロマ・ポリシーにＴＯＥＩＣ７００点以上と具体的に英語力を担保していることが高校生と採用側に評価を得ていると考察します。しかし、他大学でもこれ以上の英語力を担保しており、アドミッション・ポリシーと併せて国語力と英語力のレベルを再設定する時かもしれません。

アドミッション・レベルを高めて志願者減を図るのか、それとも例えば、インバウンド観光とアウトバウンド観光との2学科体制をとるのか。超過率是正は観光学部の課題です。

6　経営学部

数年前から改組を検討していた経営学部は、近年、志願者数と定員確保が安定してきています。ここにおいて、国際経営学科の卒業生は学科名称の「国際」という冠通りに、「国語と英語で読み、書き、計算する力」を十分に担保して卒業してもらいたいと考えています。経営とは付加価値を高める方策と定義するなら、国際経営学科の改善課題は、どのようにして大学教育の付加価値を高めるのかというカリキュラム・ポリシーを検討することです。

7　継続高等教育

いくつかの大学は生涯学習の場として社会人の学び直し政策を推進し始めています。本学では通信教育課程での社会人受け入れが主で、学部での受け入れは少数です。現役受験生の受験勉強とは性格が異なることを前提として、社会人のための入学制度を検討する予定です。

「新しい学び」や「さらなる学び」という表現で、働きながら学修できる学部を構想しています。学期16単位週40時間学修するフルタイム学生に対し、働きながらそれ以下の履修単位数で学修する、いわばパートタイム学生として、社会人対象の新構想の学部では広く学修する機会の提供を考えています。これはアメリカのExtension Schoolをモデルとした構想ですが、まず社会人学修の市場調査から始めます。

8 大学院

中小規模私学は大学院を設置することに意義を持ち、設置後の運営は難しい状況がありました。国立大学の授業料との格差、大学院修了者向け就職市場の規模、修士と学士との給与差が少ないといった諸要因から、本学の大学院も定員未充足です。これは学士課程の認証評価に直接マイナスになることはなくても、事業活動収支の観点からは破綻のリスクが存在し続けます。

かつて話題となった教員免許修士化が実施されたなら、専修免許課程を有する研究科の定員充足がなされたでしょう。しかし、一種免許と専修免許には給与差などのメリットが見えないままです。何とか専修免許課程の投資費用対便益が良くなる方策も考えなければなりません。

教職大学院の場合は研究科と異なり、定員未充足だと認証評価に危険信号が灯りそうです。専修免許と同様、教職大学院修士にとっては旨味のある市場が小さいのに国立の教職大学院だけが増えてきています。需要と供給が極端にアンバランスな中で専修免許課程を充実させるのは至難の技ですが、難題にも挑戦していかなければなりません。

ネット社会と学校の安全安心

昨年度は本学でもデジタル・シチズンシップ違反が起き、サイバー犯罪、すなわちインターネットを利用した犯罪についてあらためて省察しました。従来、学校の安全安心は、建物の免震構造などでの災害対策、外部からの侵入者を制限することでの犯罪対策に主眼が置かれていました。しかし、現代の新たな危険はインターネットに潜む目に見えない敵です。

ネットが普及している欧米は、デジタル・シチズンシップ教育を推し進めています。これは学生や生徒相互に健全なネット使用を確保する試みです。小中学生がスマートフォンを学校へ持ち込むのもやむなしの時代、具体的な根拠もなしに「きっと大丈夫」と他人を信用する性善説だけでは、学校サイバー対策に限界があります。各クラスやゼミでのスマートフォンやタブレット、ＰＣには取扱いに細心の注意を払うことをお願いします。

私たちは１９２９年以来、開拓者精神をもって真の学校教育を考え、信じ、推進してきました。これが玉川の伝統です。これからも伝統を礎として、真・善・美・聖・健・富の六つの価値を実現する教育を強力に推進していきます。そのために、1．教育部門、支援部門、間接部門が三位一体となる　2．私たちは教育のプロであることを認識する　3．プロとして責任ある言動を心がけることをお願いし、平成最後となる年度始めの挨拶とします。

アクティブ・ラーニング時代の教員養成

対談　小松親次郎×小原芳明

文部科学省で教育行政に携わってきた小松親次郎審議官と本対談を行ったのは、2016年。2020年度に向けた学習指導要領改訂の議論や作業がアクティブ・ラーニングを軸にして推し進められていました。
基礎知識の充実と、知識を活用して人と協働するための学びが、大学のみならず初等中等教育においても必要とされ、教師も従来にない授業法で応えなくてはなりません。変化する教育現場で指導力を発揮できるようになるためには教員養成はどうあるべきかを語り合いました。『全人』2017年1月号掲載。

小松親次郎
1981年、早稲田大学政治経済学部卒業、文部省(現文部科学省)入省。教育・研究行政全般に関わり、2009年官房審議官、11年高等教育局私学部長、14年研究振興局長、初等中等教育局長を歴任して、16年6月より18年10月まで文部科学審議官。

小原　２０２０年度に向けた学習指導要領の改訂など、いま進んでいる教育改革はアクティブ・ラーニングの視点に立った学びがベースになりますね。

小松　そうですね。グローバル化、情報化といった社会変化を背景に、一つの問題に一つの解というのではすぐに役に立たなくなる中で、子供たちがより良い人生、より良い社会をつくっていくためにはさまざまな角度から創造的に学んでいくことが必要です。世界的にも教育の潮流はアクティブ・ラーニングでの学びに向かっています。

小原　学習者中心の学びという表現が何年か前から出ていました。いままでは教師中心で教えていたのが、まずアメリカでスチューデント・センタード・ラーニングが実践されて。

小松　直接的に教師が教えるのと、ファシリテーター＝支援者として教師が振る舞うことが両極端であるかのように、偏った議論がなされた時期が続きました。しかし、アクティブ・ラーニングとは双方向のもので、学ぶ先を見て技術を駆使して教えるとも言えます。

小原　いわゆる「ゆとり教育」をめぐる議論がありましたが、教える内容を十分吟味して基礎基本をしっかり、その先は課題。学習者が関心を持って学びを深めることが大事だったのかなと思うのです。目指すところがやり切れなかったせいで「教科書が薄くなった」で終わって、〝ゆとり〟から〝ゆるみ〟と揶揄されてしまった。

小松　文部科学省は「ゆとりと充実」を掲げて学びの進展を図るなどの取り組みをしましたが、〝ゆとり〟という言葉が教育課程の中で一人歩きして、〝ゆるみ〟と言われたように、教える内容や授業数を減らしたことの弊害がクローズ

教育現場と教員を養成する大学が一緒になって
アクティブ・ラーニングでの学びの形を追究していく——小松

アップされましたし、結局、ゆとり教育か詰め込み教育かという二元論になったのは大きな問題です。

小原　なるほど。確かに前回2008年度の学習指導要領の改訂で、統合的に先を見据えた方向性がすでに表れていたと思います。

小松　一例を挙げますと、「言語活動」の重視。国語という教科の充実だけでなく、数学でも理科でも自分の考えを整理して説明できる理解と表現の仕方が不可欠だと。つまり、社会で知識や技能を活用できる学習活動を目指した。それがアクティブ・ラーニングという考え方につながってきたわけです。

小原　やっぱり社会の発展段階では、護送船団方式で均一的にレベルを底上げして社会に送り出す教育が非常に大切で、実際それが原動力となって日本経済は大きな発展を遂げました。しかし、いま何が必要なのかを考えて知識を求める社会、経済になると、これからは、ラテン語の「エデュカーレ＝引き出す」型の教育が求められる。学習課題に合わせてどうしたら子供にアクティブ・ラーニングが起こっていくか、一番効果的な授業方法は何かをいつも考える。学びと発見の過程を総称してアクティブ・ラーニングということになっていくのではないかと考えます。

小松　おっしゃる通りだと思います。学習指導要領とは子供が本来持っているものを教師がどう引き出すか、その力を発揮できるようにカリキュラムを組んでいくためのものです。

アクティブ・ラーニングと新しい教師教育

小原　学習指導要領の改訂で教育課程が変わるなら、大学の教員養成課程も変わっていかなければ現場での指導力につながらない。各大学、養成する側はついていくのに必死です。

小松　だいたい10年に1度の改訂ですが、激しい社会変化に対応しつつ教員養成の実質を担保できる時間スケジュールだとして進めています。

小原　中央教育審議会の教員養成部会でもこの課題は盛んに議論されました。

小松　学習指導要領の改訂と協調する形で教員養成があってほしい。そのためにも、養成課程をより弾力化しようというのが中教審でまとまった方向性です。

小原　養成課程のカリキュラムの展開について、大学教員の工夫があっていいし、それぞれの大学の裁量を大きくしようというものですね。

小松　そうです。まず、教科専門と教職専門の問題。教科専門は、その教科の専門知識を深めようとするのに対し、教職専門は教師として子供の成長課題、発達課題に即応する力をつけようとするんですね。教師にはどちらも必要不可欠ですが、養成課程では互いにカリキュラムが細かく独立しすぎています。この垣根を適切に低くすることで、かなり工夫の余地が出てきます。

小原　なるほど。大学では専門と言えば学問のレベルで考えてしまいますが、児童・生徒の発達段階を見据えつつ教科を教えられる専門が必要です。

小松　教員養成における専門性とは何かを改めて議論し、授業の実践に移すことが、現場の指導力を上げる大切な作業になると思います。

小原　しかし、アクティブ・ラーニングに重点を置いての指導で言えば、養成課程にいる学生自身がアクティブ・ラーニングを体験していなければならない。すなわち、大学教員がアクティブ・ラーニングでの授業をしなければならない。大学教員の育成、つまり教師教育も課題になってきます。

小松　大学教員を一斉にアクティブ・ラーニングで教えられる教員に切り換えるといったアプローチはあまり有効ではないでしょうが、教師教育の面での努力はきわめて重要です。一方で、まずは学校現場との距離を縮めるように学生の体験の機会を増やすことも求められています。

　昨秋、法律改正が行われ、都道府県ごとに協議会をつくる制度が創設されることになりました。教員養成について何を望むかを議論し、新人、中堅、ベテランと、求められる教師像を指標化し、フォローしていくのです。

小原　目標達成についてオープンに点検していくわけですね。

小松　それを機軸に現場と教員養成の大学とが一緒にアクティブ・ラーニングに適した研修や養成の体制をつくっていこうと。また、最近は優秀な校長だった方などを大学の教員に迎えますね。その際にファカルティ・ディベロップメント、すなわち大学での組織的な授業改善を身につけていただけたら、鬼に金棒みたいな。

小原　ううむ。簡単ではないです。果たして現場の多様化の現実を各大学の教員が認識できているかと言うと…… 正直、私も苦労しています（笑）。

小松 ご苦労をおかけします（笑）。4年生の後期で教職実践演習が教職課程の必須になっていますが、大学らしい理論の仕上げと、現場経験者によるロールプレイなどの実践があって、楽しいし役立つという声も多いですね。理論を研究してきた大学教員と、学校現場を経験してきた先生が一緒にカリキュラムを開発するきっかけまでは用意されています。さらにその実践を大学教員同士で共有して、それぞれ特色あるカリキュラムにどう還元していくか。教師教育のテーマです。

小原 確かに。いままでの教員養成はいわばプロダクトアウト型。大学がこれでよしと養成して送り出すわけですが、社会の変化を受けて、大学側もマーケットインにシフトするべきです。玉川大学でも理想の教師像を掲げて教員養成をやっているけれど、「教育とはこうあるべきだ」的な部分があることも否定できません。責任ある教員養成という視点に立つと、採用者側＝マーケットの要求を踏まえた養成こそ求められている。教育課程と学びの方法が大きく変わるのに合わせ、教員養成をする大学も大きく変化する時期に来ています。

責任ある教員養成とは、求められる新しい指導力を確実に培い、学び続けるための場を提供していくこと――小原

「学び続ける教師」を支える大学の役目

小松　教師は完成品が求められるのですが、一方で新陳代謝していかなきゃいけない。経験を積んだベテランと体力的にも発想的にも柔軟な若手がうまく組み合わさって教育を行っていかなきゃいけないと思うんですね。

小原　ただ、すでにいる教師たちは古いスタイルで養成されていますから、研修も随分見直されています。

小松　ライフステージごとに学び直しができる体制とか条件整備が必要で、教職員定数の充実であるとか、学校の事務などは分担と連携ができて、教師の負担を軽減するのも文部科学省の大きな責務と感じています。

小原　もう一つには大学での学び直し。新しいツールや教育方法を身につけて指導力を現場に還元するために、大学が積極的に現職の先生の研修の場になればいいと考えます。

小松　アクティブ・ラーニングのみならず、英語力、ＩＣＴ活用、特別支援、増える外国籍の方々との共生をどうするか。いまの時代に一番急ぐものを重点的に充実させていくためには、行政だけでなく大学の力を生かした工夫がとても重要でしょう。

小原　玉川が標榜しているのは「進みつつある教師のみ人を教える権利あり」という言葉です。教師は生涯学び続けながら、新しいものを身につけながら、教育にあたらねばならないと。

小松　まさにこの時代だからいっそう求められますね。大学も学び続ける教師に伴走していただきたいと思います。

小原　教職大学院なり、教育学研究科の科目を並行して取れる制度を工夫すべきです。２年以上在学し、45単位以上修得することが教職大学院の修了要件ですが、１科目ずつを累積させて45単位にするとか、35単位分まとまったら集中的に院で勉強して修士をもらうとか、パートタイムのスチューデント制度を普及させれば、現場にいながら研修の機会が増えるはずです。

「教える」と「学ぶ」のカリキュラム・マネージメント

小原　アクティブ・ラーニングの基本が自分の考えを持って意見を言えることであれば、どの知識を使って考えるか。子供は最初は白紙ですから、まずは基礎知識を教え、知的訓練をする。そこから先、言葉を使っていろんなものを調べて、自分の考えをつくり上げていく。そのプロセスが学びですから、何もかもが突然変容するわけではなくて、学校教育はやはり連綿とした蓄積の上にあると思いますね。

小松　ええ。教師が教えた結果、アクティブ・ラーニングが生まれていく形になるようにどう創意工夫するか。

小原　基礎的な知識を教えることと、発展的に学ぶことは常に両輪です。土台の知識のないところでいきなり「討論してごらん」というのはあり得ない。

小松　そこで重要なのはカリキュラム・マネージメントです。つまり、それぞれの教科の知識の深まりなどと同時に、子供の成長の基礎ができたかをゴールに置いてマネージメントする。そうすれば必然的に先ほどのエデュカーレ＝引き出す学びにつながる。

学校の経営陣が学校のカリキュラムをどうマネージメントするかも非常に大事です。例えば中学校を想定すると、教師は専門の教科を持っていますが、子供はそれだけを習っているわけではありません。だから教科の相互関係を考え、学年会などでも協力し合って授業を組み立ててほしいのです。理科の元素記号が家庭科の栄養成分につながり、さらに保健体育での体の発達とかと密接に関係するとわかるような。

小原　教科は実は互いにつながっていて、学ぶのはおもしろいという気づきの仕掛けをつくって、各学年の授業を企画していくといいですね。

小松　大学の養成課程でも、教科専門の先生と教職専門の先生が一緒になって、学生にカリキュラムを組ませてみる。その中で教えることと学ぶことをリンクする工夫ができないかといった視点についても共通認識をつくれるように、私たち文部科学省も努力したいと思います。

小原　これは大きな課題です。みんなそれぞれの専門のサイロに閉じこもっているけれど、学際的にやらなければ社会のニーズに応えられないですね。だから、隣の教師は何を教えているかを知りながら自分の科目を進めていくことが学校にも求められるし、大学の教員養成課程にも求められる。究極の目標は、子供たちがより良い未来を生きるための学びができるか、その学びを引き出すよう教師としての本領を発揮できるかにつきます。

今日はありがとうございました。

2007～2019年
学園日誌
『全人』より

「学園日誌」は玉川学園の創立とともに創刊された月刊の広報機関誌『全人』での連載記事。玉川教育のトピックス、教育問題、社会問題への意見提言のほかに、折々の行事への思い、日々の心象風景が寄稿されており、たどり直すことで玉川の教育活動を俯瞰し、理事長・学長・学園長としての教育観、学校経営の指標を知ることができます。建学の精神を継承しつつ、グローバル化する社会が要請する教育と研究に応えるための探求が読み取れます。13年間の連載から65本を抜粋。

2007年9月号

高山岩男先生の教え

このたび玉川大学出版部から高山岩男著作集（全6巻）を出版することになった。先生は京都学派の中核を担った思想家であり、著述は文化・文明・歴史・社会・政治経済・科学技術・宗教・教育と多分野にわたる。そして先生の教え子たちの各界での活躍が、その視野の広さを示している。

私が先生と出会ったのは、アメリカ留学から帰国して間もない女子短期大学副手時代である。先生自身もまた日本大学から玉川へ移ってこられて間もない頃で、文学研究科で教育学を担当されていた。私は副手業務と並行して、幸いにもその授業を受ける機会に恵まれた。教科書は『哲学的人間学』。苦労して読んだ記憶が今も鮮明に残っている。しかし、反対に講義は判りやすく、難解な著書への的確な理解を導いてくれたのだった。

先生の講義は、教育学の授業であっても政治や経済、さらには社会学の分野にも及んだ。とかく理想や理論だけに陥りやすい教育学の講義で、先生は時折「脱線」しながらも現実の事象を引き合いに出して巧みに授業を進められた。私が先生から教わったのは、教育とは世間から隔離された世界の中で展開するものではなく、社会の流れを見据えて論じなければならないということであった。

理想に走りやすい傾向に歯止めをかけることと同時に、理想と現実を「すり合わせる」難しさも、先生の授業で学んだことだった。

もう一つ、講義の中で「教育とは保守である」という表現が強く心に刻まれた。その頃の私にとって、保守とは政治を論じるときの言葉であった。しかし、保守か革新かといった政治的枠組みの中で教育学を理解するという意味ではなく、教育とはその社会の文化を伝承すること、つまり、次世代の子供たちに今の価値観を保たせ、守らせること＝保守にあるとの説明を受けた。

学校教育の推進は、たくさんの教育主張に基づかなければならないが、先生の主張は私に強い影響を与え、今なお道標となっているものの一つである。日本の学校教育が混迷している現在、教育界はぜひとも先生の主張に耳を傾けてもらいたい。20世紀の教育を知り、21世紀の教育を推し進めている私たち自身こそがまた20世紀の「産物」とすれば、「温故知新」は価値あることである。

２００７年11月号

教職大学院の開設

教員に対してより高い専門性を求める社会的な要求にこたえるために２００８年４月にスタートする教職大学院制度。玉川大学でも来春の教職大学院開設を目指して準備を進めてきたが、９月中旬に設置に関する面接が行われた。教職大学院設置の趣旨、教員養成へのインパクト、目的とする教員像、今後の計画といった項目から始まり、教職大学院の目玉となる10週間に及ぶ実習の指導体制に至るまでの質疑応答が行われた。

この後、10月に提出する最終書類の審査があり、11月末には設置認可の予定である。安倍内閣のもと目玉となった学校教育問題だが、時代と社会の変化に遅れることがないように学校教育の変化をリードしていく責任が教員養成を担う大学にある。玉川の教職大学院は複雑化、多様化する教育課題に対応し、実践的な指導力・応用力のある小学校教員を養成することを特色とする。教育界の核となる人材養成を目指すものである。

2007年12月号

記念グラウンドの人工芝

爽やかな秋風がわたる記念グラウンドは今年の夏に生まれ変わった人工芝。今年の体育祭では澄んだ青空と芝の緑のコントラストに、K－12と大学生の競技・演技が生き生きと映えるのを見ていただけたなら、とても嬉しい。今回はこの人工芝敷設の経緯について書こうと思う。

記念グラウンドについては人工芝、天然芝、そして従来の土にするかで検討してきた。財政面では土のグラウンドが優先されるが、土埃が校舎内へ運び込まれる弊害がある。最近の学校教育で使われるＩＣＴ機器は土や砂の風塵に対してどんどんセンシティブになってきて、早急にグラウンドからの土埃を減少させなければならない時に来ていた。

そこで天然芝か人工芝かの選択を迫られた。玉川学園では現在、低学年の児童たちが使っている経塚山（三角点）グラウンドが天然芝である。芝を養生させる期間は使用を控え、過激な運動の都度、芝を補充しなければならない。経塚山グラウンドの広さでも維持が大変なのに、記念グラウンドの規模の維持となると天然芝のメリットとデメリットは逆転する。そうして残ったのが人工芝グラウンドという選択で、問題点の検討に入った。

人工芝には、激しいスライディングをすると摩擦熱でヤケドをする可能性がある。ただ、土でも滑れば擦り傷は負う。怪我に関しては同レベルと考えてもよい。いずれの怪我をも軽減する65ミリの芝葉の形状を選び、研究改良された最新世代の素材で摩擦係数の低い人工芝を採用することにした。太陽の輻射熱による表面温度の上昇という問題もあった。温暖化で夏の気温は毎年上がる一方で、体育授業中の熱中症が危惧される。そこで、クッション性を高めるために芝の根元に40ミリの厚さで充填されるゴムチップを黒色からベージュ色に変え、表面温度も抑制されることになった。

最後のハードルは、この人工芝化が体育の授業のために見合う費用か否かである。直接費用がかかりすぎるという意見もあったが、教室内に配備されたコンピュータなどのＩＣＴ機器や、その他の精密機械への影響といった間接費用を考慮に入れると採算が合うと判断した。

こうして敷設した人工芝。今回の体育祭で記念グラウンドを見て、トラックが公式の400メートルではないことに気がついた人も多かったと思う。実はこのトラックは500メートルあり、走り込み練習専用。おそらく日本だけではなく世界中の学校でも珍しいトラックである。競技施設としては不足感があるだろうが、学校体育用の施設としては満足度が高いと自負している。

2008年2月号

還暦の挑戦で歌った第九

サントリーホールで行われた昨年末の第九演奏会。後方の合唱団にいた私に気づかれた方も多かったと思うが、私にとって実に45年ぶりの第九合唱であった。一昨年、還暦を迎えた私は還暦記念に第九合唱団参加を思い立ったが、残念なことに練習の時間を逃し続けてしまった。しかし一念発起し、昨年夏から個人レッスンを実行してきた。高等部時代に覚えた歌詞は、最初は遠い記憶の中に朧げだったのが、不思議なもので練習が進み、回を重ねるごとにしっかりと蘇ってきた。

当時は、高等部生たちも大学生と共に年末の第九演奏を行っていたのである。高等部時代、ドイツ語の歌詞の意味も判らないままに練習をしていたのが懐かしい。そんな体験に加え、毎年末にサントリーホールと普門館で聴いてきた第九演奏が記憶の糸をつないでくれていたのであろう。今回、歌詞を覚える手助けとなった。歌詞をプリントアウトして、出張先の新幹線の中、車の中、原稿書きの合間と、少しの時間を見つけては暗唱に努めた。そう長い歌詞でもないのに、加齢のためか想像していた以上に覚えきるまで時間がかかったことを白状する。

しかしそれ以上に難題だったのは、私はベース・パートなのだが、曲はテノールかと思うほどの高い音程であること。私には裏声でないと出せない高さだと思われた。さらに各パートが同じ歌詞で合唱するとは限らず、輪唱のような部分もあるのが練習をより難しく思わせた。練習時間を思うように確保できないまま当日がどんどんと迫ってくると、不安もひしひしと募る。45年ぶりの合唱での「還暦の挑戦」達成は、自分が目論んだほど簡単な取り組みではなかった。実は今回、自分のパートの「出の部分」にも完全な自信がなく、発声のタイミングが不安の一因ともなっていた。聴くのと歌うのでは大違いであった。

いよいよ迎えた12月3日の本番。交響曲はついに第4楽章へ。見れば、なんと指揮者の秋山和慶先生がオーケストラの指揮をしながらベース・パートを歌ってくださっている。私は指揮棒よりも秋山先生が歌う口元を見て、合唱に遅れることなく歌いきることができた。観客席からは見えない、先生からの温かなご配慮に感謝する。

サントリー前日の音合わせのときまで私の参加を知らなかった秋山先生はじめ、ソリストの先生方もさぞかし驚かれたことだろう。日本では年末を中心に、プロ・アマを合わせて年２００回ほど第九が演奏されているという。本学のような大学の演奏もあるが、こうして学長だけではなく、音楽以外の学校教員までもが参加している演奏会は稀有であろう。また驚くべきは玉川の合唱団の年齢幅である。最年少は大学2年生で、昨年の普門館での音楽祭が第九との最初の出会い。ほかにも67歳の大学院生、81歳の参加者もいる。一つの合唱団が大正、昭和そして平成生まれで構成されているのも、本学ならではである。

ベートーヴェンの第九交響曲は世界中で演奏されているが、日本ほど多く演奏する国はないそうで、本場ヨーロッパでもビックリだろうが、それほどに日本人は第九に親しんでいる。それはフリードリヒ・フォン・シラーの「歓喜に寄せて」の人類の博愛を語る詩の魅力なのか、メロディーなのか、それともシンフォニーと合唱の組み合わせなのか。ともあれ、第九を聴けばいよいよ新しい年を迎える気持ちになってくる。そして私には第九の大切な思い出が一つ増えた。

2008年7・8月号

野口英世アフリカ賞

5月28日、第1回野口英世アフリカ賞の授賞式と記念晩餐会が天皇皇后両陛下ご臨席のもと、横浜で催された。折から同市ではTICAD（アフリカ開発会議）が開かれており、アフリカ52カ国の元首や大臣たちも参列しての授賞式であった。私たち夫婦も招かれ列席させていただいた。

医学研究部門での受賞者はブライアン・グリーンウッド博士（英国出身）。博士は、アフリカ広域での脅威であるマラリア感染症制御の研究活動を、現場に密着して30年以上も続けている。マラリアはハマダラ蚊が媒介する原虫感染症で、アフリカでは年間100万人がマラリアで命を落としている。キニーネというマラリア特効薬があるが、病院から遠隔に住む人たちや貧困層にとっては望むべくもなく、死に至る病との闘いとなる。しかし、グリーンウッド博士の先駆的な研究により、最近まで絶望的だったマラリア対策に希望が見え始め、この貢献により受賞となった。

医療活動部門からはミリアム・ウェレ博士（ケニア出身）が受賞した。彼女は東アフリカを中心に40年にわたって健康と福祉の増進に献身してきた。日本の平均寿命は80歳を超えるが、アフリカ全体の平均寿命は約50歳。地域によっては30歳代にまで落ち込む。とくに女性や子供への保険医療サービスは後回しだという。彼女のアフリカ医療研究財団（AMREF）やウジマ財団での活動は、女性や子供に対しての基礎医療サービスの提供、また、HIVとの闘いに甚大な影響を与えている。日本では当然の生活インフラがない地域での活動は、想像を絶するエネルギーと気概が必要だろう。私には到底できないことだと尊敬と共に授賞式でしみじみと感じた。

ところで、医学部のない玉川大学がなぜ野口英世アフリカ賞の授賞式に招待されたのかの経緯は、約50年前に遡る。

野口英世はアメリカでの研修後、メキシコ・メリダに渡り、黄熱病の研究に取り組むためオーラン病院に滞在したことがある。そのときの助手の一人がビヤヌエバ氏（後に医学博士）。１９６０年、小原國芳がメキシコでの第3回国際大学協会総会に出席した折に、ビヤヌエバ氏と出会う。その際野口英世を讃える像の建立と研究推進支援を約束したのだと思う。オヤジさんは野口博士の活動に人生の開拓者たる姿を見て、後に続く青年たちへの規範として示したかったに違いない。

帰国後、学内で献金が始まり、翌61年、駐日メキシコ大使を学園に招いて、野口英世の銅像と顕微鏡贈呈式が行われたことを私は記憶している。オーラン病院に設置された銅像は、50年近くを経て台座の銘板の修復が必要になったため、このたび腐食のない陶板で新しいものを制作して寄贈することとなった。併せて、内閣府が創設した「野口英世アフリカ賞」へも礼拝献金から寄付を続けている。アフリカの医学研究・医療活動を表彰するこの賞が、政府の供出金だけではなく、広く民間からの寄付で成り立っているからである。50年前の関わりは途切れることなく続いている。

2008年9月号

グローバルCOEプログラムに採択

玉川大学は21世紀を学際研究と脳科学研究の時代であるととらえ、脳の学際的研究を推進してきた。それが評価され、6年前には文部科学省より「21世紀COEプログラム」の拠点として採択され、5年にわたる研究活動はA評価を受けるまでの成果をあげた。

21世紀COEプログラムに続いて文部科学省が昨年度から国際的な研究拠点を支援するためにスタートさせたのが「グローバルCOEプログラム」で、本学も昨年、申請を行った。しかし、大学院生が少ないことが指摘され、プログラム採択に至らなかった。大学院生の少なさは私立の中小規模大学が抱える構造的欠点とも言える。

この弱点を補う施策を1年間検討し、今年度あらためてグローバルCOEプログラムへの申請を行い、21世紀COEプログラムの実績が評価されての採択となった。新プログラム名称は「社会に生きる心の創成」。脳科学研究所を中心に脳と心の融合的理解をめざす。学際・複合・新領域分野で111件の申請があった中で採択は12拠点、私立大学の採択はわずか2拠点であった。

これは本学のような規模の大学には大きな研究支援となり、嬉しい限りである。大学には教育と研究の二つの機能があるが、この二つを均等に遂行するのは難しい。大学の規模と、研究に必要な財政規模とは深く関係しているからである。大学の規模が小さくなるほど、研究に必要な直接・間接の費用を捻出するのは難しいが、各大学は教育だけではなく研究機能を推進させようと努力を払っている。だからこそ、本学にとって今回の研究補助金は非常にありがたい。

本プログラムは、前回同様に脳機能の学際的研究を進めていくが、この分野の研究は幼児の言語習得に関するヒントを提供するであろう。さらに、ヒトの脳がどのように思考するかが明らかになるにつれ、知能ロボット開発の道標も見え始めると確信する。

2009年6月号

学士課程教育センターが担うもの

昨年ようやく学士課程構築へ向けての文部科学省中央教育審議会の答申が出た。大学は大きな変革を求められる。エリート養成機関だった大学も、社会変化とともにより多くの学生に門戸を開くようになってきた。大学エリート時代（大学進学率15％未満）から大学大衆化時代（大学進学率50％未満）へ変化が求められたように、昨今の大学ユニバーサル化（大学進学率50％以上）を受け、カリキュラムや学修のスタイルはより多様化し、組織も改編を迫られる。この現象は日本に限ったことではない。すでに欧米においても大学は革命の最中にある。変化の予測は難しいが、世界の大学はまさしく混乱の中にある。

従来、日本の大学では教育よりも研究が重視されてきた。研究7に対して教育3が理想の大学像であった。それが大学ユニバーサル化を受け、「学部教育」に代わって「学士課程教育」が提唱されている。私たちにとって馴染みの薄い表現だが、英語ではUndergraduate educationとなる。今年度から本学にも「学士課程教育センター」を設立し、従来、学部や学科単位で構築してきたカリキュラムを学士課程教育に相応しいあり方へ変貌させることを試みる。加えて、日本の大学の大きな課題である「世界に認知される大学」を実現させる施策を検討し、さらに大学卒業の「質保証」のあり方を検証する。

中央教育審議会の答申では「大学教育の質保証」とひと言でくくっているが、具体的な方策の一致はないのが現状である。何をもって質保証を測定するのか。大学は誰に対して学士号の保証をするのか。この結論に至るのは難しいが、今後の大学には避けられない課題である。その課題に緻密かつ果敢に取り組むのが当センターである。

2009年9月号

80周年記念音楽祭

玉川では芸術教育の一つとして毎年ディビジョンごとの音楽発表会を行っている。それを今年は創立80年を記念して合同で行ったが、これは10年ごとに催される全学園の伝統行事になっている。そこではK−12の子供たち全員が他学年の合唱を鑑賞することになる。行事を通して、K−12は一つの学校なのだという連帯意識を持てる機会となる。

7月の東京国際フォーラムでの音楽祭は、低学年にとってとてつもなく大きい行事だったはずである。5、000名の聴衆を前に合唱する体験をできるのは本学園の音楽祭だけではないだろうか。

大人だって5、000名の聴衆を前にすると、足が震える。そんな緊張を低学年の子供のうちに体験させる教育的効果の有無を言う人もいる。さらに、教師と子供たちがどんなに頑張ってみても、そうした活動（どのような歌をどこで歌ったのか、それは何の会だったのか、誰と一緒に取り組んだか）が、記憶にどのくらい残るのかの疑問もある。これだけのことに時間と経費を費やす是非も問われる。しかし、批判や疑問の声のあるなか、全体が一つとなって日頃の芸術教育の成果を相互に披露する音楽祭は、玉川教育の伝統行事として大切にしていきたい。

もちろん、教育は伝統に加え、新しい活動にも挑戦していかなければならない。子供たちが日々新しい出会いによって成長するように、学校も社会や時代に対応して変化していくことが成長と言える。創立80周年を迎える記念行事で、新しい時代の要請に応える態勢と心構えについて考えた。

２００９年10月号

小原國芳三十三回忌

今年は小原國芳と信の三十三回忌の年である。創立者とはいえ没後32年も経つと、学内でも小原國芳から直接に教わり、あの大きな声で叱られた人たちもめっきりと減ってしまった。今の在校生にとって「オヤジさん」という呼称すら馴染みのないものであろう。彼らは、写真、映像、著作物からしかオヤジさんの考えや教育論に触れることはない。

お盆過ぎ、祖父と祖母の三十三回忌を鹿児島県南端に位置する久志で行った。久志は祖父・國芳の出身地で、南シナ海に向かう久志湾を臨む広泉寺に小原家代々のお墓がある。誰にとっても故郷は心が安らぐが、オヤジさんはこの土地から同時に元気をも貰っていた。広泉寺には國芳が90歳のときに書いた「慧《え》眼《げん》見《けん》真《しん》」の額があるが、字にはまだまだ勢いがあって、同時期に学園で揮毫したものには見られない力強さがある。故郷の空気がくれた勢いであろう。

法要は私たち家族と、オヤジさんの晩年に秘書を務めた平田ＧＩＯ夫妻とで営むことを予定していた。ところが、当日広泉寺に行くと、30名以上の久志の村の皆さんが待っていて法要に参列してくださった。その方たちは、日ごろから小原家の墓を守ってお花も供えてくださっている。

久志の地は学園から遠く、私たち身内はそうそう墓参りはできない。久志の村の皆さんたちに、私に代わりお墓を守ってもらっていただいているようなもので、しかもなおオヤジさんを偲んで法要に参列もしてくださったのである。人は時間の経過と共に記憶が薄れていくのが常であるのに、この日を特別な日として心に刻んで、立秋過ぎとはいえ南国の強い日差し中の参列をしてくださった。皆さんの心の温かさに、ただただ深い感動と大きな感謝ばかりが胸にあふれた。そしてまた、人口もめっきり減ったこの村の人々の連帯感、歴史を自然に共有し受け継いでいる様子に、都会ではすっかり薄れてしまった大切な何かを噛みしめた。

今年はオヤジさんが通った桜山小学校が創立１２０周年を迎え、記念事業の一つとして、小原國芳顕彰の碑を計画してくれているそうだ。没して32年、今でも彼の業績を評価してもらえることは、学園を率いる者としても、孫としても嬉しい限りである。創立80周年、彼の建学の意志を大切にしていかねばと、思いを新たにした夏だった。

２０１０年2月号

科学技術立国として

昨年を振り返ると、政権交代など、これほど大きな変化が起きた年も稀であった。変化の行く末が展望できず、混乱の中で行わなければならなかったのが、新年度の予算作成である。

予算作成は、生徒と学生数の予測、引き続き行う諸活動、新規事業の決定といった前提がある。その上で重要なのが、公的補助金と支援金をどう組み込んでいくかの判断である。本学では経常費補助金のほか、グローバルＣＯＥプログラムなど、期間限定で文部科学省から受けている研究費補助金がある。ところが民主党の新政権下の行政刷新会議での「事業仕分け」によって今回、グローバルＣＯＥプログラムは補助金を削減するというのである。

グローバルＣＯＥプログラムの「学際・複合・新領域」で採択された本学の脳科学研究が受ける痛手はたいへん大きい。たとえば3割削減だとしても、億単位での研究補助金を削減された分をどのように自助努力で補充するかである。研究補助金で実施可能となった研究もたくさんあり、私学の自助努力には限界がある。対策として研究活動のどの部分を縮小すべきなのか、頭が痛い。

そもそもグローバルＣＯＥプログラムは、世界を相手に最先端研究で競っている研究組織の中から拠点が選考され、国際的にも活躍できる研究者を輩出することを目標にしていたはずだ。資源の乏しい我が国が発展していくためには、学術研究で秀でるしか道はない。だからこそ、各大学は人材育成と教育研究活動を必死で推進してきたのに、民主党による事業仕分けの結果、「科学技術立国日本」を否定するような結論が導かれてはいないか。

本学には脳科学のほかにも支援を受けている研究がある。学術研究所量子情報科学研究センターにおける光通信量子暗号Ｙ－00の研究である。この研究は日米間で熾烈な競争となっており、すでに本学では毎秒10ギガビットの大容量情報（国会図書館の全蔵書の情報を毎秒送信できる量に相当）を盗聴されることなく３２０キロ送信する実験を成功させた。これは世界最速・最長記録であるが、対するアメリカの大学では、ビット数こそ低いが５００キロの送信を達成している。

事業仕分けの際、次世代スーパーコンピュータの開発に対し、「世界一を目指す理由は何か。２位ではだめなのか」という発言があったが、知的所有権という概念をまったく無視している。競争に勝つのが研究活動の目的ではもちろんないが、ナンバーワン側から二番手に無償での研究成果の譲渡はない。すべて有償である。それが研究競争の厳しい現実だ。

知識基盤社会を迎え、情報の安全な送受信は必要不可欠となる。今後は、貴重な情報も含め多くは組織外の「情報タンク」に蓄えるITインフラ整備が必須になると聞く。組織本部とタンク間の機密保持はますます重要となるが、その際に機能を発揮するのが、光通信量子暗号Y－00である。この新量子暗号通信を日米どちらが先に確立させるかで、情報保護にどれだけ財源を節約できるのかが左右される。更なる研究費導入が必要だが、研究支援がされるか否かがはっきりとしない中での予算作成は、従来にない苦労が伴う。

科学技術分野で先頭集団に残ることが我が国の将来の鍵となる。ノーベル賞受賞者たちも指摘されているように、科学・文明の振興は継続性が重要で、ひとたび大きな中断があると、回復不能の後遺症を負う。更なる研究支援を民主党政権に期待して止まない。政治とは貴重な財源・資源をどのように配分するかだが、直近の課題や費用対成果のみで事業を判断するのではなく、長期に将来を見据えた配分がなければ国家の発展はない。それが国政というものであろう。

2010年4月号

少子化全入時代

日本の私学は大きな局面を迎えている。特に地方私立大学と都市にある中小規模の私立大学は、今までにない危機的な状況にある。

原因の一つが少子化現象である。子供の数が減少しているのに大学総定員は変わらない。ということは、従来大学入学に届かない教科力の子供たちにまで入学の可能性が生じ、学生間の教科力格差が大きくなってしまう。大学には、大きく広がった教科力格差に対応できる教授法は備わっていないし、中等教育までに備えるべき教科力の不足を補う機能はない。ならば入学者数を減少させ、一定の水準を保てばよいとの主張もある。しかし、言うほどに易しくはない。体重を増やすのに比べ減量するほうが数段難しいように、大学にとっての「スリムダウン」も困難なのである。

大学が定員を増やすことは「大学発展」である。反面、定員減はその分野からの「撤退」であり、学部弱体化を想像させるので、どの大学もなかなか定員減に踏み切れない。さらには一時的な撤退であっても、最終的には撤収という結果にいたることがある。それが多くの中小規模の私立大学が内包する課題である。

しかし、少子化・大学全入時代には必ず卒業生のクオリティーへの責任問題が出てくる。伝統的な大学教育の成果をつけて卒業させなければ、大学としての格を失う。今は大学入学生の教科力が問われているが、数年後には大学卒業生の力が厳しく問われるようになるだろう。学士にふさわしい力という到達目標を果たせなければ、大学は高等学問の府ではなく、「後期中等教育以降教育(Post-secondary school)」と、日本では聞きなれない用語で世界から揶揄されることになるかもしれない。その意味では入学を厳しくする以上に、進級卒業も厳しくする必要がある。しかし、学生の選択はどこにあるかの問いに応えられる大学が数少ないのも、日本の大学が抱える課題である。

2010年7・8月号

未来科学技術のためのFuture Sci Tech Lab

今年度、本学の注目はFuture Sci Tech Lab。「未来科学技術」とは聞きなれない表現だが、未来（可能なら近未来）に実現を目的とした科学技術を研究・推進していく棟で、「植物工場・宇宙農場ラボ」と「超高速量子光通信」の二つの研究拠点となっている。

「植物工場・宇宙農場ラボ」では、野菜を人工光源と培養液の調整で栽培する技術の確立を目的としている。光源に赤色や青色のLEDを使ってリーフレタスをはじめイチゴ、サラダ菜などを栽培する。光の波長が異なると味、含有栄養素、食べ心地にも変化が生じるとのこと。野菜の苦味が苦手でも食べやすく、高機能な野菜作りができる。

屋内栽培なので天候にも左右されない。今年のような天候不順であっても安定した野菜供給ができる。さらに、露地栽培と異なり栽培環境を管理できるので無農薬で安心安全な野菜作りが可能となる。水洗いも最低限で良いので水資源節約ともなる。野菜を需要地近隣で生産できるなら、野菜生産地と需要地との距離（フード・マイレージ）が長いほど輸送で生じる排ガスも減少する。すなわち二酸化炭素排出量を減らし、環境保護の一助となる。

これは現代生活の需要に応じる完全野菜である。しかし、問題は栽培にかかる費用で、初期投資となるＬＥＤなどの工場設備は莫大な規模となり、採算が取れるまでには相当の年数を必要とする。現在、この工場で作ったリーフレタス１株の価格は、とても市場で競争できるものではない。しかし、従来の生産と比べて１坪あたりの収穫量は数倍だし、商品化までの必要期間（約30日）からすると、冬季や梅雨時には有利な市場を持てるのではないか。やがて流通に乗せられる生産システムの拡張を確信する。何より未来の農業への貢献が研究推進の動機である。

実はこの植物工場は未来の火星探索（惑星間飛行）における食料供給システムも視野に入れて研究している。太陽光もない無重力に近い状態の宇宙空間での野菜栽培技術を確立し、地球から運ばなくても、月面基地で栄養価の高い食料を確保するための実験も行う。

そんな想定で設計したこの棟の一部は宇宙船を模している。設備見学のための配慮も十分されている。生徒、学生はもとより、ぜひＫ－12の父母の方々にも見学をしてもらいたい。見学の折には建物の外壁に仕掛けてある光アートも見逃さないように。壁はＬＥＤで装飾されているが、宇宙から地球に降り注ぐ宇宙線がトリガーとなって光アートを展開するようになっている。１分間に規則性のない間隔で何回も降り注ぐ宇宙線は、ランダムなアートとなって視覚に訴える。

本学芸術学部の教授と学生たちが創り出したものだが、このように大学の研究棟の壁に表現されている光アートは世界でも珍しい。アート（芸術）とサイテック（科学技術）は、実はお互いが支え合い刺激しあって発展を遂げてきた歴史をも表している。

２０１１年６月号

激甚災害と本当の危機管理

3月11日までは耳にしたこともなく、使ったこともない「激甚災害」という言葉が東日本大震災で現実のものとなった。3月4日には本学内で行われた法人理事会で平成23年度予算が成立し、4月1日からの予算執行の準備も始まっていた。11日の午前中には学園の卒業式が終わり、私は、夕方都内で開かれる大学卒業祝賀会へ出かける前に来年度の打ち合わせを行っていた。そして14時46分。研究・管理棟が折れるのではないかと思ったほどの強震。「何だこれは！」とただならぬ揺れに皆一斉に建物から避難。ちょうど玄関を出たときにエレベーター塔から外壁材が落下してくる。今まで経験した地震とのスケールの違いを目の当たりにした。大地が揺れるように見えた。

そのとき、すでに教学部職員の大半は都内のホテルで卒業祝賀会の準備中だった。私より一足先、一時半に都内へ向かった理事や職員たちと連絡を取ろうにも、携帯電話は瞬時に不通となっていた。もしもの時の通信機器と言われ、普及してきた携帯電話だが、実態は都内と繋がらないどころか、学内でさえも不通。結局、都内にいる職員と連絡が取れたのは古くからあった公衆電話だった。

研究・管理棟から教学棟へ避難すると、卒業式の準備に関わっていた学生と課外活動の発表準備をしていた生徒たちも避難誘導されて集合してきた。そこでテレビで見たのは地震で誘発された火災報道。そして以後繰り返し流された津波の映像だった。地震の規模はマグニチュード9で、津波の遡上高は43・3メートルと観測史上最大となった。自然の力の恐ろしさにただただ息を呑んだ。

被災された地域の方々のそれぞれの当日と今日に至るまでの時間を思うと、どんな言葉も出ないように思う。自然は多くの恵みを私たちに与えてくれるが、同時に私たちの都合にお構いなく動いている。

さらに、災害を拡大させたのが、福島原子力発電所事故である。直後判然としなかった炉心の溶融、水素爆発が明らかになるとともに始まったのが計画停電であった。「計画」とは名ばかりの計画性に欠ける停電であった。国民として協力を惜しむ気は一片たりともないが、電力提供側の一方的で泥縄式の無計画な施策に、教育機関として学生や生徒たちの授業や通学の安全を確保できるのかどうかの判断をするのは大変に難しかった。

一方で、あの非常時にあって考えたことは、情報収集は大切だが、最終的な決断を他人や役所に委ねたり、周囲の状況に安易に同調するのは、本来の使命を自ら手放すに等しいということだった。危機管理とは、普段から自らの組織に合った最善の対処方法を考えておくこと。さらに、「想定外」のことが起こったときこそ、自分のアタマで考える力が試される。その想像力こそが、過去と現在と未来をつないでいくのであろう。

例年、電力消費が飛躍的に増大するのが6月から9月。今、本学と本学園では昨年比25パーセント減を目標に節電を予定している。生まれてからずっとオール電化、完全空調といった快適で便利な生活しか知らない世代の子供たちに、節電に伴う犠牲を払わせるのも難儀なことである。しかし、今回の災害は一時的なものではなく、被災地以外での継続的な取り組みが必要とされている。節電に加え、本学の規模でも2億円に上る修繕費を計上することになった。想定外を想定するのが組織運営だが、やはり厳しい。なんとか予算を遣り繰りして修復していかなければならない。

東日本大震災は、原発事故の終息の目処も立っていないことも含め、まだまだ進行中の災害である。俯瞰した視点も忘れないように、同時にそれぞれの立場で何ができるかを考え続けていきたい。

静かなる勇気──7月1日学園葬会葬御礼の辞

2011年9月号（小原哲郎名誉総長追悼特別号）

本日は故小原哲郎葬儀にご会葬をいただき、ありがとうございます。
玉川学園は今年で創立82年目を迎えますが、彼の生涯のほとんどは玉川学園と共にありました。学園が創立された昭和4年、当時小学校2年生だった彼にとって、学園のシンボルとなった礼拝堂の建設に参加できたことは玉川っ子としての誇りでした。

昭和25年以降は創立者・小原國芳と共に学園運営に携わってきましたが、教育活動の進み方が速い遅い、教育施設規模が大きい小さい、建設場所はアッチだコッチだと、衝突の連続でした。強い信念の持ち主だった2人でしたので、それはまるでライオンと虎のようなすさまじい争いだったと祖母の話にありました。

学園の発展に伴い、平屋の校舎も建て替えとなりました。創立者は「借金コンクリート」の校舎を誇りにしていました。その借金コンクリート校舎をほんものの鉄筋コンクリート構造の校舎としたのが哲郎でした。その後、本学は学部を増やし、教育施設を充実させてまいりましたが、その基盤となる学校財政を整備し強化してきたのは彼の多大な努力でした。しかし、そうした実績をあげることができたのも、皆さま方からの協力と支援がなければできなかったことです。ありがとうございました。

彼のモットーは「静かなる勇気」でした。まさに彼は生涯それを貫き通したと、私は父を誇りに思っております。いつのことでしたか、父は私に、「人間、生まれるとき一人ぼっちであるように、旅立つときも一人だ」と言いました。生涯のほとんどを玉川学園と共にし、60年あまりを皆様と共に私学教育への尽力ができたことに満足し、そして公私にわたり生活を支援してくださった皆様方への感謝の気持ちをいっぱいにし、6月28日、一人で旅立っていきました。

本日は故小原哲郎のために多数お集まりいただき、心から厚く御礼申し上げます。ありがとうございました。

2011年10月号

小原哲郎名誉総長お別れの会

小原哲郎名誉総長の逝去にともない、前夜式を6月30日に、学園葬（告別式）を7月1日に学園講堂で行った。そして8月10日には都内のホテルニューオータニでお別れの会を催した。会の実行委員長は森英介先生にお願いしたが、森先生の父と私の父・哲郎とは、学園の専門部以来の友人で、公私にわたって相互に助け合ってきた間柄でもあった。

両会場の正面には玉川にある三つの丘を表す三つの花の祭壇を設けた。父は小学校2年生のときに成城学園から玉川に移り住んできて以来81年間、玉川学園の三つの丘（聖山、経塚山、東山）に囲まれて生活してきた。彼は日ごろからそれらを「玉川三山」と呼んで愛していた。

実はホテルニューオータニでお別れの会をすることは、父の25年来の願いであった。ホテルの創業以来、祖父の國芳はここで頻繁に「原稿書き籠り」をしてきたし、父にとっては都内での仕事の合間に一息つくことのできる馴染みの場でもあった。今でも卒業祝賀会の会場にしているこのホテルでの会を父が希望していたのは、都内で仕事をしている方々にとって学園までお越しいただくには距離もあり、時間がかかることを考慮したからでもある。交通の便も良く、駐車場も広いホテルには、車を手際良く整理してくれるドアマンもいる。永い付き合いで営業の方やドアマンたちとも親しくなり、父はお別れの会参列者の接客を生前に自ら依頼していたのである。

会の司会は卒業生で声優の大場真人君に担当してもらった。会は卒業生でもある吉村温子先生による讃美歌405番「また会う日まで」で始まった。会の終わりに吉村先生から聞いた話だが、独唱しているはずなのに讃美歌の繰り返し部分で男性の歌声が耳に響いたとのこと。それはあたかも父が参列者に歌いかけたように感じたそうである。

弔辞は日本私立大学協会会長である大沼淳先生（文化学園大学理事長・学長）と副会長の原田嘉中先生（千葉商科大学理事長）から頂いた。本学と私大協会との関わりは協会設立時代、つまり小原國芳の時代にまで遡る。父も副会長として長く協会の仕事を担ってきた。6月29日、父の死去を協会事務局長へ連絡したとき、彼から、ちょうど父が亡くなった時刻に「今後、私学の多くは困難な局面を迎えるようだが、協会は大丈夫か?」「しっかりと協会の運営を行うように」という内容の電話を父から受けた夢を見たと聞いた。死者は生前親しかった人たちのところへお別れに行くというが、実際に身近に体験を聞いたのは私にとって初めてのことである。

会に続いての会食には、生前好んだメニューを用意した。父が都内での仕事のたびに両腕に抱えきれないほど買ってきたビゴのフランスパン。ビゴのシェフとオータニの総料理長とが共に父をよく知ってくれていたので、特別に焼いてもらった大量のパンの持ち込みも快く許していただいた。

学園創立来の学園理解者であったチンメルマン博士の協力で、父は昭和35年前後にスイスで生活をした。そのときに好きになったものにグーラッシュ（牛肉の煮込み料理）がある。これを伊佐料理長に父好みに仕上げてもらった。天ぷら松井は父が私に内緒で通ったお店で、好物は海老の天ぷら。ここ3年ほど食事制限があった父にとって食べたくても食べられなかったグーラッシュであり天ぷらだったが、お別れの会のメニューに加えた。そして、父が食事を受け付けなくなってからも、唯一最後まで口にしたオータニのコンソメスープも。

しかし、私にとって父を思い起こさせる食材は、実は筍である。昭和29年、学園経営は存亡の危機に直面していた。当時、教職員の給料の一部を現金ではなく物品で支給したこともあったとか。私は小学生だったので、それがどの程度の危機かは知る由もなかったが、貧しい食卓の足しに春になると学校から帰ってくるとまず筍掘りに出かけたことを鮮明に覚えている。

ちょうど現在の大体育館舞台の上手あたりに竹やぶがあり、そこで我が家の春の毎日のおかずは収穫された。筍の味噌汁、筍の天ぷらか筍の煮物と、筍づくし（筍だけ）のおかずだった。剥いた筍の柔らかな皮に梅干を包むまでが私の仕事。それが終わると前の日に作った筍皮に包んだ梅干がおやつであった。子供ながらに「なんで筍だけなんだ？」と不思議に思ったが、当時、大手大学による買収活動が玉川に仕掛けられていたほど、父が学園経営に苦労と困難を背負っていたことを、父の葬送にあたって初めて、私は知った。

２０１１年11月号

大学認証評価と教育の質保証

学校教育法は２００４年度から、大学に7年に1回（専門職大学院は5年に1回）、文部科学相に認証された評価機関による評価を受けることを義務づけた。大学設置時の基準を満たすことだけで質保証するのではなく、国でも大学でもない第三者の評価機関によって定期的な評価を受け、認証評価を取得して、経営や教育の質が一定の水準以上にあることを社会に対して知らせるのである。アメリカではアクレディテーションといって、大学だけではなく高等学校も受けている。本学は9月末に2度目の評価に臨んだ。

提供する教育の質をどのように保証するのかは難しい。第一に、大学教育の質をどう定義するかの基本的な課題と向き合わねばならない。大学の原点とは、そもそも教員と学生がともに学問探究を行うことを使命とする「大学そもそも論」がある一方、時代と共に社会が求める人材は変化し、人材の養成機関として大学もまた変化せざるを得ないという命題がある。すなわち、時代の流れに対応する部分と、継続して維持すべき普遍の部分をどう区分けするかが大学運営に問われる。

かなり以前から人的資本という概念は大学教育と関わりがあったが、人的資本の構成要素ももちろん変化する。昨今、耳にするのが「グローバル人的資本（GHC：Global Human Capital）」。これに応える教育を提供することが教育の質保証となるのかを検討する時期がきている。また、「入学しにくく卒業しやすい」と揶揄される従来の卒業率の高さが必ずしも高い教育品質とは言えないが、少子化時代にあっても大学の「出口管理」を強化するのが妥当と言えるのかどうか考えねばならない。これは低成長時代の置き土産となるのかもしれない。

2011年12月号

ラウンドスクエアとIDEALS

体育祭が順延されて、終了後には急いで羽田空港にあるホテルへ直行した。月曜日の早朝便でロンドンへ向かい、ラウンドスクエアの世界大会（国際会議）前夜式に出席するためである。

毎年の国際会議だけれど、参加する生徒たちにとっては大変に教育的意義のあるものとなるはず。ラウンドスクエアとは6つの教育の柱IDEALS（Internationalism＝国際理解、Democracy＝民主主義精神、Environment＝環境問題への取り組み、Adventure＝冒険心、Leadership＝リーダーシップ、Service＝奉仕活動）に基づいて活動する国際規模の私立学校連盟。年に1回の国際会議には、世界各国から約400名の高校生が参加する。玉川学園では2005年に正式のメンバー校になって以来、毎年10〜12年生を派遣してきた。今年も5名の生徒が参加する。

この会議の特徴は、世界各国から集まった高校生たちの単なる交流のみならず、参加者全員が社会の第一線で活躍している人から基調講演を聴き、国境を越えてディスカションすることにある。事前に講話の内容が分かっていれば自分の意見も用意できるが、ぶっつけ本番で内容を理解し、感想と意見や主張を論点をしぼって準備しなくてはならず、どの生徒にとっても容易ではない。

そうしたハードルに挑戦するところにラウンドスクエアの目的がある。ある主張を聞いて、自分の意見をまとめるのは大人でも難しい。さらにそれを母国語でなく、外国語で表現することはもっと難しく相当に勇気がいるものである。間違いを少なくしようと頭の中で翻訳しているうちに話はドンドンと進展してしまい、取り残されるとさらにものが言えない。青くなったり曖昧に笑ってみたりと、そんな悪循環にどれだけ多くの大人たちも陥り、外国語アレルギーが強くなってしまうことか。しかし、失敗を恐れていてはコミュニケーションに加わることはできない。

ラウンドスクエアは積極的に自分の意見を述べ、皆をまとめるリーダーシップを養う機会でもある。今、ＧＨＣ（グローバル人的資本）の養成が要望されている。ＧＨＣとはまさにラウンドスクエアの6つの教育の柱ＩＤＥＡＬＳが備わっている人材である。情報化社会は世界地図を塗り替え、資本の動きも加速させた。もはや日本社会だけにとどまっていてはならず、世界へと視野を向けて活躍できる人間が、今ほど求められている時代はない。ＩＤＥＡＬＳは高校生だけではなく、実は大学生にも学士課程において求められている。今後の大学運営にとっても重要な課題である。

２０１２年２月号

２０１１年を振り返って

２０１１年は世界も日本も激変としか言いようのない年だった。均衡を保っていたはずの中近東で「春」の嵐が吹き荒れ、体制崩壊が連鎖した。不安定な政治状態が続いていて、ドミノ理論通りの現象が中近東で起こりつつある。こうした政情不安定は原油価格にも悪影響を及ぼすに違いなく、巡り巡って日本産業にマイナスの影響を与え、更なる不況に陥る恐れがある。今でさえ経済不振の影響を受け、「大学卒業」という社会への入口切符は空手形になっている。これ以上の経済不況は若者から未来への夢を奪うことになり、人材養成に支障をきたす。

そして、１年を振り返るとき、真っ先に思い出すのは、やはり東日本大震災である。海の彼方の国での出来事が日本経済を脅かすと恐れているところに、日本は１、０００年に１度あるかの巨大地震に襲われた。私たちの想定を遥かに超えた40メートル超の津波が東北の町々を襲う映像が流れると、人間の無力さのほどを思い知らされた。

学園でも施設損壊があったが、幸いに人的被害はなかった。水や非常食など平素の備蓄も役立った。しかし、当日は１分先に何が起こるのか判らないことが更に不安を招き、続く余震の中でただただ学生生徒児童の安全確保を考えていたが、祈る思いであった。

原子力発電所の被害規模も把握できないまま、長期の停電を体験したことのない私たちは計画停電を強いられ、いかに生活が電気に依存していたのかを痛感させられた。学園では夏期の冷房の電力削減のために授業日程を動かしたり、部署単位での努力もあって、昨年比で約26％の電力削減を達成できた。快適な生活を知ってしまうと節電は難しいが、これを契機に習慣化したい。

年の暮れに飛び込んできた号外は北朝鮮の独裁者・金正日の死去のニュース。今度は中国、ロシア、アメリカを巻き込んで日本海での覇権争いが起こるだろう。いつもなら国際政情不安はドル高を引き起こすが、今回は円高が続いている。日本の産業はどうなるのだろうか。さらに私学にはどのような影響を及ぼすのか。何か希望となる目標を考えて新しい年を迎えたい。

２０１２年４月号

大学秋入学を考える

例年より寒い日が続いた2月だったが、大学関係者を騒がせている熱い話題が「秋入学（９月入学）」である。以前にも政府や中央教育審議会から提案されていた９月入学だが、トップダウンでの大学一斉の秋入学推進計画への抵抗もあったし、大学のみならず初等教育段階から９月始業とする学制改革には犠牲が多いとの不安もあり、秋入学には否定的な風潮があった。しかし今回の提案は大学側から構想が発表された。上からの改革ではなかった分、意外と実現は早いかもしれない。

東京大学とその構想に賛同した大学のみが対象で、大学入試の時期などは変更しないというものだが、他の私大や中等教育へ及ぼす影響は大である。この東大案は、世界標準である9月入学に合せることで、日本の学生の留学を円滑にし、海外からの留学生・研究者の受け入れの障壁をなくし、海外トップ校との交流を促進してグローバル化に対応できる人材を育成するのが狙いである。高校卒業後の4月から9月入学までの半年間をギャップイヤーとして、留学、語学研修、インターンシップ、ボランティアなど、知識習得や社会体験に充てさせたいという。

5年後を目標に全面的に秋入学に移行するとの構想で、協議を呼びかけたのは、北海道大学、東北大学、筑波大学、東京工業大学、一橋大学、名古屋大学、京都大学、大阪大学、九州大学に加えて、私学から慶應義塾大学と早稲田大学。経団連と日本商工会議所が参画し、政府も賛成表明するなど、財政界を巻き込んでの動きに、他の国立大学と私立の主だった大学も検討委員会を設置し始めている。

確かに9月入学は、海外留学しようにも就活の前倒しで身動きできない学生、課題山積の大学入試制度、時代の変化に合わない新卒採用をやめられない企業など、社会の閉塞感をも打破する手段に思える。しかし、大学が軒並み9月入学へと移行してしまうと、4月から9月までのギャップイヤーに大学入学予定者を受け入れる器が不足する。インターンシップを引き受ける企業、ボランティア先や海外研修先はどうなるか。代表的な海外研修は語学研修だろうが、価値ある語学研修先を見分けるのは高校か、大学か。企業にしても、インターンシップに学生がなだれ込んで志願してきたところで、専用プログラムや専任担当者をつけられるような経済活動はしていないだろう。

さらに高校卒業後、大学が始まるまでの間、学習意欲を維持するのは簡単ではない。9月始業の大学数が増すほどに高大接続が大きな課題となる。空白期間中の責任が曖昧のままの新入学生を放置し、経済的な負担をも引き受ける覚悟が父母にあるのか。

学生・保護者の負担軽減、就活や採用の時期、国家試験や教員採用試験の時期、奨学金制度の見直しなど、対応を迫られる問題は実に多い。大学だけが9月始業という構図は成り立ちにくく、中等教育のみならず初等教育までも巻き込んでの改革が必須になる。本質的な問題の見直しを同時にしっかりと行わねば、結局は一部難関大学の秋入学化に対応しただけの改革に終わってしまうのではないだろうか。本学としても9月入学を真剣に我が事として考えていかなければならない。

2012年6月号

グローバル人的資本と国際的教育提携

日本社会の現在の経済的低迷から推測すると、2050年に日本は先進国から外れそうである。

少子高齢化がいっそう進み、退職年齢超え人口が4割となり、日本の生産性は激減する。若年層の生産性を今以上に向上させないと、社会維持が困難となるのは当然。そうした将来を見据えて求められているのが、「グローバル人的資本」であろう。

「人的資源」という用語もあるが、人的資源とは即戦力となる人を意味し、人的資本は長期にわたって剰余価値を生み出す人を意味すると私は理解している。「人材」は人的資源と同じく即戦力という意味がある。従って、「グローバル人材」が意味するのは、今、世界に打って出て価値を生み出す仕事ができる人となる。これからの日本に必要なのは、グローバル社会で即戦力となる人と、長期に日本社会を牽引する戦力となる人であろう。それを育てるのも大学の重要な役割だと考えている。今後ますます国際的な視野と世界に通用する経済や経営理論を持たなければ、日本は世界経済の主役どころか、準主役の座を維持することもできなくなる。

そして今は大学ユニバーサル化で高等学校と高等教育機関が密接に関わる時代である。大学が国際化を推進するには、フィーダー（生徒を進学させる側）の学校も教育活動を国内でとどめず、国際的な教育を推進していかなければならない。

そうした考えに立って、4月24日、玉川学園とエシントン校、玉川大学とチャールズ・ダーウィン大学（共にオーストラリア・ダーウィン市）間で教育提携の覚書を締結した。締結期間は、エシントン校とは5年間、チャールズ・ダーウィン大学とは3年間。相互の教育・研究の協力、国際的視野での交流がスタートする。具体的にはチャールズ・ダーウィン大学とエシントン国際シニアカレッジ（エシントン校が併設しているシニアカレッジ）における日本語教育や日本文化の理解に関する教育プログラムへの玉川大学の協力の可能性などがあり、ダーウィンにある日系企業と現地市民との交流や活性化を図る目的もある。玉川学園とエシントン校との交流は２００１年から始まり、長期留学を行ってきたが、今回の覚書締結を契機に、学園だけでなく大学の各学部にも国際交流活動や教育プログラムの連携協議が始まり、国際教育が多角的になると考える。

２０１２年７・８月号

礼拝堂献堂式

理事長としての私の長年の懸案事項の一つに古い建物の耐震基準不適合があったが、礼拝堂の補強・改修工事がようやく終了した。

ここは創立以来、礼拝だけではなく入学式や卒業式、合唱祭や演劇発表、そして授業も行われてきた場である。建設には創立当時の教師と生徒たちも携わり、当時小学2年生だった小原哲郎名誉総長も子供ながらに資材を運んだりして工事に加わったと、よく誇らしげに思い出話をしていた。もしかすると、この短い床材は当時の小学生たちが運んだのだろうかなどと考えるだけで、創立以来80余年の繋がりに想いが深まった。

私自身も小学部と中学部の入学式と卒業式をここで行ったし、クリスマスのキャンドル礼拝も良き思い出である。当時は学内で生活していたので、雨の放課後に屋根裏で隠れんぼもした。私の子供たちもこの礼拝堂で思い出を重ねたことだろう。実はその改修工事のとき、僅かながら私も手を加えた。場所は内緒である。学園の新たな謎になれるかな。

改修工事も間に合い、装い新たになった礼拝堂で小原哲郎の一年式が行われる。校舎の出来上がりに細心の注意を払ってきた彼だったが、果たして今回の改修工事をどう評価してくれるだろうか。

2012年9月号

STEM教育の推進

7月、アメリカで行われた学術会議STEMに出席した。この会議体は誕生間もなく、今年で2年目である。STEMはScience, Technology, Engineering, Mathematicsの頭文字からなっているが、Stemとはまた、「樹幹」も意味する。これからの中等および高等教育での幹となるようにという意図があると、私は感じている。

日本と同様、アメリカ社会においても科学、技術、工学そして数学の分野の教育が遅れてきているとの危機感がある。通常、この種の学術会議は大学関係者だけで行われるが、ここでは広く中等教育教員から企業までが参加対象である。今回は3M（スリーエム）社とロールス・ロイス社の人事（HR）担当部長が発表に加わっての会議であった。

この10年間を振り返ると、21世紀に入り、私たちの生活はますます科学技術に依存するようになった。もともと科学者や研究者が相互に情報を交換する手段として開発されたインターネットは、いつの間にか一般の日常生活に普及した。当初はコンピュータの基礎的な知識と技術がなければ活用できなかったものが、今では、その気になれば誰でもスマートフォンやタブレットなどの端末で、PCの前に座らなくても簡単に活用できるまでに周辺機器が発達してきている。日本製の従来の携帯電話が「ガラパゴス携帯」などと呼ばれ、市場から孤立化しつつあることを揶揄される背景に、国家間での資源争奪戦や地域覇権争いがあるのも現代の皮肉だが。

便利な端末のお陰で、今やどこにいても情報とつながっている。メールは世界中追いかけてくるし、買い物も銀行決済もPCと変わらない。学生たちは授業の合間に仲間同士で集まることもなく、放課後の店の予約からメニューの相談までスマホで行えてしまう時代である。さらに従来なら匿名の手紙でなされた誹謗中傷の類もネット上で可能である。悪言も千里どころではなく万里も走る。マスメディアに頼らなくても、個人のつぶやきが世界を駆け巡る。顔が見えないコミュニケーションが危惧されるが、一度でも科学技術がもたらす甘い汁を味わった身には、元の生活へ戻るなど、現実には至難の業であろう。

私たちにどのような功罪をもたらすかとは関係なく、科学技術は進展していく。ならば、私たちもまた、その利便性と危険性を見極め、情報選択をする力を常に補充していかなければならない。つまり、文明の利器を生産していく側も、恩恵を受ける側も、科学技術の進歩と共に歩み続けなければならないのが今世紀の特徴であろう。時代は日進月歩ではなく、すでに「秒進分歩」である。気持ちは緩やかに流れる時代を好んだとしても、現実は洪水のような情報と、生産と消費で成り立つ時代である。そうした時代を生き抜いていくためにも科学技術の高等教育は必須となる。

ＳＴＥＭ推進は大学だけの責任ではなく、実は大学へ人を送り込んでいる中等教育、さらにはその土台を形成する初等教育からの教育責任である。これからの日本社会を支えていくためにも、今以上に科学、技術、工学そして数学の分野での教育に力を入れていくことが初等教育から大学までに求められるし、カリキュラムにおいても繋がりを強化させていかなければならない。それが学校の社会に対する責務であることを痛感したＳＴＥＭ学会であった。

２０１２年11月号

共通語としての英語 Lingua Franca

タイのバンコクで催された日本留学フェアを参観してきた。会場は寂しかった。ブースを出しているのは日本語学校が主であったが、かつて経済力を背景に日本の国際的影響力が強大だった時代とは違い、日本留学に魅力はないようである。東南アジアの若者にとって、日本語よりも英語に投資するほうがはるかに見返りは大きい。これからのことを考えると、日本の青年もLingua Franca（リンガフランカ＝共通語。主に地中海東部沿岸で通商などに用いられた）としての英語の修得は、社会人基礎力をより高くすることになる。

以前から英語学習の重要さは主張されてきた。にもかかわらず長い間、大学進学の際には、英語力より数学力が高ければ理系、反対なら文系と分類してきた。だが、これからは理系や文系の分野を問わず、英語力がなければ知識基盤社会で活動できなくなる。理系だから英語が、文系だから数学が不得意といった逃げ口上など通用しなくなるのが、グローバル時代の日本人が直面する環境である。

日本人が、ネイティブのように英語を操る必要はないが、国益を主張できる表現力は必要である。今後ますます多くの国を巻き込んで、希少な資源確保を巡る熾烈な争いが繰り広げられるだろう。そうした環境では、日本人特有の「以心伝心」であるとか、「一を聞いて十を知る」といった曖昧な表現では諸外国の人々と渡り合ってはいけない。「分かってくれるだろう」「なぜ分からないのか」と相手任せにするのでなく、自分の考えをはっきり持って、それを具体的に伝える力を身につけなければならない。英語教育の強化を主張すると、日本語軽視と同一視されがちである。しかし、社会がグローバル化し、人とモノと経済が動き、国境がなくなってくる今からの時代を考えると、学術のみならず、文化交流にせよ経済活動にせよ、日本語だけでは限界が見えている。それを補完するのが「共通語としての英語」ではないだろうか。

従来の英語は大学入学試験合格のためのパスポート的な科目であったが、これからは社会人基礎力向上のために、大学入学後も継続して学修する科目でなければならない。いや、大学だけではなく、実は初等教育の段階から学校教育の責任として始めるべき科目である。高校や大学合格のためではないLingua Francaとしての英語教育を構築することで、学校は21世紀の日本社会のデマンドに応えることになる。

日本への留学フェアを訪れて強く感じたことは、大学は諸外国からの学生たちへの便益のために英語による授業を推進することより、まず、専攻分野を問わず、日本人学生の日本語力と英語力を向上させる必要性だった。大学卒業者には学士課程で修得すべき学力の担保が求められているが、これからの大学生には日本語を使って得られる学力だけではなく、英語を通じて得られる学力も必要とされてくるだろう。今の学校には「アレもコレも」と多くが要求されているが、グローバル人的資本の形成に必要なことは、日本語と英語で「読んで書いて発信する」力を厳しく鍛えることだと考えている。それが21世紀の日本の学校ではないか。

玉川教育の原点からつながった行幸啓

2013年3月号特別記事

このたび、天皇皇后両陛下を、玉川大学に奉迎できたのは、たいへんな栄誉であり喜びでした。

創立者の小原國芳は全人教育を提唱し、自学自律や自然の尊重、労作教育を説いて、ほんものに触れる感動や発見を原点にして学ぶことを何よりも大切にしていました。その遺志を継いだ小原哲郎名誉総長は、教育資料の収集にも力を注ぎ、本学教育博物館を独自性のあるコレクションで充実させました。

19世紀に制作されたジョン・グールドの鳥類図譜は、科学性と芸術性をあわせもち、世界的にも高く評価されている博物図譜です。名誉総長は、博物学への理解を深め、自然を感じる心を養い、美術作品としての美しさを観賞できるこの図譜に感銘を受け、全巻を収集しました。

ほんものを知り、社会の役に立つ人を育てたい――この教育への真摯な思いが、両陛下が企画展をご見学になり、さらに植物工場研究施設（Future Sci Tech Lab内）を視察なさるための行幸啓につながったことを思うと感慨深いものがあります。

教育博物館では、黒田清子外来研究員の案内も得て、両陛下は熱心に見学されました。鳥の生息状況についてのご質問や、鳥の印象や比較などは、さすがに天皇陛下は科学者であられると敬服しました。皇后陛下は図譜の描画法を納得なさるまで丁寧に黒田研究員にお尋ねで、親子でありながらも品格のあるやりとりを間近にして、何か美しいお手本を拝見したように思いました。

「ハチドリ科鳥類図譜」では、輝く羽の表現にグールドが考案した金箔貼り着彩について黒田研究員が解説すると、両陛下が左右から角度を変え、「金色の見え方が違いますね」と、最後はお二人でかがまれるようにしてご覧になる姿が、本当に睦まじく感じました。

1月14日の行幸啓の8日後には秋篠宮文仁親王殿下と紀子妃殿下もお成りになりました。殿下は山階鳥類研究所の総裁を務められ、ご自身も家禽類の研究をされていますが、妃殿下とともに図譜に魅了されたご様子で、私は文化遺産としてのグールド図譜の価値をあらためて認識した次第です。

２０１３年３月号

行幸啓（天皇皇后両陛下のご来臨）

私は幼い頃にこの玉川の丘で初めてスキーをして以来、一番好きなスポーツがスキーになり、雪を見れば心が弾む。けれども、１月14日は実に複雑な思いで学園に降りしきる雪を眺めていた。この日は、本学に天皇皇后両陛下の行幸啓を賜わる記念すべき特別の日であった。

その雪は瞬く間に丘の景色を白く美しい世界に変えた。降雪の中、車列を組んでの道中は大変な苦労を伴う。しかも、学園の入り口はすべてが上り坂で、車はスリップする。案じていた通り、両陛下の車列は予定を少し遅れて御着。

とにもかくにも無事に両陛下をお迎えできた。ご挨拶を申し上げ、早速この日のために急遽御休み所に仕立てた中学年校舎内の器楽練習室へご案内する。私はやはり、たいへん緊張していた。先導申し上げると、両陛下は階段をゆっくりと上がられ、教育博物館へ。

今回の行幸啓は本学教育博物館でのジョン・グールド鳥類図譜の企画展ご見学のためであった。内親王でいらした時代から本学で研究のための調査を続けてこられた黒田清子同館外来研究員も、企画から参画した展示である。

教育博物館では両陛下を、同館主幹学芸員の柿﨑博孝教授、黒田清子研究員、そして黒田研究員の研究指導をした柿澤亮三特任教授の佳子夫人の3名がご案内する。ご自身も生物学者である陛下なので、ご質問も自ずと多くなり、予定通りには進行しない。例えば、絶滅した鳥の絵の前では、その鳥の剥製を献上された思い出などを立ち止って話された。何度も質問されたのが、図譜の石版画の作成工程である。現代の絵画手法と異なるが、ご納得になるまで説明に耳を傾けておられた。

グールドの図譜は実物を極限まで精密に描こうと様々な工夫がなされている。ハチドリの図譜は特に有名で、金箔をはじめとする多くの画材が使われており、羽の特徴もいかんなく表現されている。黒田研究員が選んだ図譜の中でも、ハチドリの絵は正面だけではなく、両陛下は左側そして右側、さらには高さを変え、あらゆる角度からご覧になっていた。そのお姿は、楽しげに和やかに親子3人でグールドの図譜を囲んでいらっしゃるように拝見した。ご家族の本当に深い情愛が伝わってきて、もし可能なら、時間に制限されることなくゆっくりと観賞いただきたかった。

その後、予定にはなかったのだが、同時開催の「新教育運動の展開と玉川学園」の展示へと陛下は歩み進まれた。展示中、40年ほど前に創立者・國芳がオーストリアンスキー界の大御所だったクルッケンハウザーと共にした謁見について、「そう、あれは東宮御所だった」と皇后陛下にご説明くださった。ご記憶いただいたことへの感激と光栄に、孫として胸が熱くなった。

博物館に続き、植物工場研究施設（Future Sci Tech Lab内）へ。ここでは農学部の渡邊博之教授が、ＬＥＤによる野菜栽培についてご説明した。将来の食料難対策についてもご理解をいただき、特に皇后陛下はわが国の野菜供給だけではなく、水確保が極端に厳しい国、極寒・猛暑の地域での応用にも強く関心を示され、「新しい科学技術が貢献できる日が近いですね」と研究を評価していただけた。2月からレタスを市販できるところまで発展したLEDによる野菜栽培である。

降り止まない雪で交通マヒはますます酷くなり、両陛下は皇居まで4時間もかかられたという。東京では記録的な大雪のなかでの行幸啓であったが、私たちにとって忘れられない栄誉なことで、学園史に残る1日であった。

行幸啓の8日後、秋篠宮文仁親王殿下、紀子妃殿下もグールド展にお成りになった。予報ではこの日も雪。もしや自分が「雪男」なのかと疑ってみたが、幸いなことに予報は外れた。実は秋篠宮殿下のお成りは本学を会場として開催された「生き物文化誌学会」に続き2度目である。両陛下同様に黒田研究員の説明で、約1時間かけて展示をお楽しみいただけた。殿下は家禽類の研究者でもあり、グールドの図譜の中でも家禽の図譜に特に強い関心を抱かれたご様子であった。

平成25年は天皇皇后両陛下の行幸啓と秋篠宮同妃両殿下お成りという、栄誉極まりない行事でスタートした。玉川学園創立以来、8度ほどのお成りはあったが、行幸啓とそれに続くお成りなどはなかった。もしここにオヤジさんと父がいたらどれほど喜んだことだろう。彼らの教育への思いと努力があったからこそ今の学園があり、そして今回の誉れある行幸啓とお成りがあった。私は二人と共に、喜びをしみじみと分かちあっている。準備や当日の雪の中の勤めをし、陰で支えてくれた職員諸君にもここで深く謝意を述べたい。

2013年4月号

光の野菜とY－00暗号

大学はSTEM教育推進を担う活動をしなければならないが、玉川大学ではLEDを応用した新しい植物生産システムが、すでに実用段階に入っている。Future Sci Tech Farmで開発されたレタスは、いわばSTEM分野の研究の結晶。2月1日から「夢菜《ゆめさい》」という名称で小田急沿線のスーパーマーケット小田急OXで販売されている。生産にはLEDの先端技術に自動収穫という工学技術が用いられている。まだまだビジネスとして未完成でもあり、供給不足でもあるが、技術改善しながら今後生産拡大へと繋げていく予定である。

もう一つ本学で推進しているSTEM研究に、情報を保護する量子暗号の研究がある。

科学技術の発展は情報のやりとりを飛躍的に増大させた。携帯電話からスマートフォンへの移行では、端末内の情報量はメガ級からギガ級へと増加した。それにより大量の情報を瞬時に手にする恩恵に恵まれたが、同時に情報保護の問題が起きる。通信回線のセキュリティはどの程度なのか、個人情報がどう守られているのかは、ブラックボックスの中である。政府と通信会社を信じるのみでは、あまりにも心もとない。企業では自社内にデータを蓄積するのではなく、クラウドに確保して情報共有するシステムが普及してきているが、光回線なら情報が盗聴されないという保証も、今や疑わしい。サイバー攻撃での盗聴被害はギガ級で、それはギガ級のビジネスチャンスの損失となろう。

ギガデータをやりとりできるようになったのがＳＴＥＭ技術のおかげなら、ギガデータの盗聴を防御するのもＳＴＥＭで行う。これが本学で推進しているＹ－00暗号である。今、机上の理論から試用機製作の段階まで辿り着こうとしている。

ビッグデータやクラウド構想が一歩進んでいるアメリカでも、いかに光回線からの盗聴を防御するかの研究を強力に推進している。しかし、この分野では本学の量子情報科学研究所のほうが先を走っている。現在、高速ネットワークの通信容量は毎秒１ギガで、情報を盗聴されずに通信するには、それに見合った暗号が求められる。従来、数理暗号が使用されているが、スーパーコンピュータ京に解読されるのも時間の問題である。その点、Ｙ－00暗号は物理現象を利用するため、盗聴の心配はほぼない。ビジネスの現場ではギガ級の暗号化通信にどこまで耐えられるのか。Ｙ－00暗号は最大毎秒40ギガの情報を盗聴されず送受信できるのに対し、アメリカはまだ１００メガに満たない。それは時速１、０００キロの飛行機と時速１００キロで飛ぶヘリコプター以上の差がある。

ＳＴＥＭ発展の裏には、知的財産を保護する暗号研究が伴わなければならない。本学のＳＴＥＭ研究はそれを視野に捉えつつある。

２０１３年７・８月号

ロボカップジャパンオープン開催

5月4日から3日間、玉川学園を会場にロボカップジャパンオープン２０１３東京が開催された。ロボカップは自律型ロボットの競技会で、２０５０年までにサッカー世界チャンピオンチームに勝つという目標を掲げる。来年は学園創立85周年で、その一環行事として学園と大学施設を会場として提供することにした。玉川学園からは大学生だけではなく、K－12生も参加した。

ジュニアとシニアの両部門が、大体育館、低学年校舎、りんどう食堂、高学年校舎アトリウムに分散しての競技会となった。講堂での開会式は、芸術学部の学生たちの太鼓に始まり、大学吹奏楽団の演奏、高等部生による合唱、ジュリアスによるダンスパフォーマンスと盛り沢山の式となった。

私がロボット活動に関心を抱いているのは、日本が世界のロボット産業をリードしているからであり、これから強化するべき教育の分野、ＳＴＥＭを象徴しているからである。高度に成長した社会の多くの便益を維持し成長させていくには、ＳＴＥＭ分野の教育を推進していかなければならない。失敗すると、日本は他国の研究成果に依存する従属国へと落ちぶれてしまう。

どの高度成長社会も一度は直面するのが理数離れ現象だが、日本もこの壁を乗り越えなければ、今後の発展はありえない。文明の利器の恩恵を受けるには、それを創作する力を国内に維持し続ける必要がある。科学技術力を保持できるのかどうかはこれからのＳＴＥＭ教育にかかっている。理数離れの流れを食い止める可能性の一つがロボットではないか。たしかにロボットは本学のイメージにそぐわないかもしれないが、これからは特徴の一つとしたい。

最近コンピュータが将棋で名人に勝つまでに進化したことがニュースになったが、テレビ画面で人間と人型ロボットとの将棋対戦が観られるようになるのも時間の問題だろう。開発は日進月歩ではなく、秒進分歩の速さだろう。さらにロボット研究の果てには「人間とロボット」の関係の追究がある。ロボットの開発には人間学を深く学ぶ必要があり、それはＳＴＥＭ教育を推進していくのにも避けられない課題と言える。昨今、文理融合の学際的研究が主張されているが、その一つが人間学とロボット学を並進することだと私は考えている。

5月茶会

私が関わる非営利団体・東京煎茶倶楽部が、5月に茶会を学園の丘で催した。新緑に包まれた松下村塾、咸宜園、大学9号館、講堂ホワイエ、小原記念館を使って、煎茶、抹茶、玉露の席が設けられた。礼拝堂では茶会の床の間を飾る盛物の展示を行い、ＫＥＹＡＫＩ食堂は点心席となった。松下村塾と咸宜園は建て替えて新しくなり、茶会を催すには快適な施設で、周囲を取り巻く新緑が映え、茶会にふさわしい雰囲気だった。

私が煎茶を習い始めて早15年余だが、未熟である。一歩前進二歩後退の様である。茶葉の量、お湯の量と温度、お茶を抽出する時間、それぞれが微妙に作用し合って初めて美味しい茶となるが、それが難しい。私が淹れた茶に稽古仲間が納得した顔を見せることはそうはない。たかが茶と思われるが、簡単ではないのである。点前の手順を覚えるのも難しいが、しかし、非日常の中での稽古はなんとも言えない心休まるひとときを与えてくれる。

玉川での茶会は点在する建物での席で、今回はＩＢのＭＹＰ10年生たちがボランティアで案内役をつとめてくれ、迷うことがなかったと感謝の言葉が多く寄せられた。絶好の茶会日和で、新緑の学園の施設と茶席との巡り合いを楽しんでもらえたと思う。礼拝堂は椅子を用いた作品展示をし、思わぬ使い方に観る人たちを驚かせた。日本の素晴らしい文化を学校施設を使って４００人を超える人たちに発信できたのも、ちょっと楽しいことではないだろうか。

２０１３年９月号

デジタル・シチズンシップとは

6月末、テキサス州サンアントニオで開催されたデジタル教育の会議に出席した。そこで巡り合ったのが、Digital Citizenship（デジタル市民権）という言葉である。

今年の参議院選挙からインターネットなどを利用した選挙運動が導入されたように、ネットの普及とデジタル機器の発達によって社会生活様式の変化が起こっている。より大量の情報がより広範囲に伝達され、たとえば消費活動でも今までのような対面での買い物から、PCやタブレットを活用したスタイルへと変化してきている。伝達手段もつい20年ほど前は「メール」を「手紙」と訳していたのに、今や同義語ではない。「それではメールをお待ちします」と言われて、「はい、お手紙差し上げます」と答えたのではトンチンカンな会話になってしまう。

社会人マナー（規範）では、「話は目で聞く」とか「挨拶は相手の目を見て」と言われてきたが、今では対面での意思伝達もフラットモニターを見て行うように変化しつつある。電車内では依然として携帯電話の使用を遠慮するようにとアナウンスがあるが、いまや音声通話を行う人も減少し、メール、twitter、facebookと、伝達手段は無限だ。まさにデジタル社会の到来である。しかし、常に社会の一員としての行動規範が基本であることに変わりはない。その一つは相手を尊重するという道徳観で、社会がどんなにデジタル化しても対人関係において絶対必要な価値観である。

デジタル市民権とは、社会の一員としての規範を備えつつ、デジタル機器の誤用・悪用を防止し、利便性を享受する市民権のことで、アメリカの学校教育で推進されている。玉川でもK－12ではCHaT Net、大学ではBlackboardを使ってデジタル教育が行われているが、デジタル市民権に相応しい形で推進していくように心しなければならないし、前提となる価値観・道徳観を教えていくのは、変わることなく教師と親の責任である。

96学事暦を見据えて

サンアントニオの日中は35度以上と暑いが、ホテルや会議場内の温度設置は21度だった。この贅沢さはテキサス州が電力をふんだんに使えるからだろう。今の日本ではありえない。ないものねだりするのも大人げないが、快適な環境で仕事や学習ができるのは本音では羨ましい。

それにしても、今年の梅雨明けには驚いた。連日の最高気温35度超え。本来なら梅雨明けに向けて徐々に気温が高くなり、身体も高温多湿に馴染むのに、突然来た猛暑。2010年以降、高温記録は更新し、40度超えも続出。猛暑が恒常化している。

これから先、毎年が梅雨明け猛暑となるなら、学事暦を見直すことを考えなければなるまい。直射日光を避けても起きる熱中症は子供の授業中にもあり得るので、夏休みを長くし、冬休みと春休みを短くすることも俎上に載せられてこよう。節電社会にあってこの猛暑はいっそう厳しい。

ところで、猛暑と裏腹に熱が冷めてきたのが「秋入学」の話題である。そもそも企業の採用計画を6月卒業に同調させるとか、教員採用試験も卒業前実施に時期変更するなどして、社会活動のサイクルが変化しない限り、大学秋入学はどだい無理な話であった。ほかにも、高等学校の始業終業サイクルをそのままに、大学だけが学事暦を変更してしまうと高大連携は無理となる。

私が米国内で行われているジョブ・フェアについて知ったのは10年ほど前であるが、その頃から日本の大手企業は英語運用能力の高い日本人を現地で調達していた。秋入学ならグローバル人材が採用できるというのは、企業から東大提言へのリップサービスだったと思われる。

最近、私はK－12の9月始業6月終業の「96学事暦」を考えている。大学の秋入学導入は、初等教育からの96学事暦が可能になって初めて、高大連携を損なわずに大学の秋入学が実現するのではないだろうか。国際的な教育であるIBDP（International Baccalaureate Diploma Programme）も日本に導入しやすくなる。現在、IBDPの日本導入は4月始業で考えられているが、そうなるとディプロマ試験において、日本人生徒は海外の生徒より半年短いDP在学で試験を受けるハンディを負う。

IB教育のニーズの高まる今、96学事暦という選択肢を用意してもよいのではないか。秋始業なら学習条件は欧米と並ぶ。そのくらい大胆な学事暦改革を断行しない限り、日本人に国際的な教育を施すことはできない。教育のダイバーシティ（多様性）を考えても、文部科学省は96学事暦の道を拓き、子供たちの学びの選択肢を増やすべきであろう。

2013年12月号

高大連携の日豪環境学習プログラム

10月22日、オーストラリア北部準州（ノーザン・テリトリー）政府の教育大臣が来園。かねてより交換プログラムを行っていたエシントン校の仲介で実現した2度目の教育大臣来園である。前回は学園視察が主であったが、今回は日豪の高校生のための環境学習プログラムの提案のために訪問してくれた。プログラムはダーウィン市にあるチャールズ・ダーウィン大学教員による指導で、本学園生徒、エシントン校生徒と同市の公立高校生の各6名計18名を対象に4年間実施される。

ノーザン・テリトリーはカカドゥ国立公園をはじめとする自然に恵まれ、天然ガスも埋蔵されている。それらを教材とした環境学習であるが、大学教員による指導を中心に、解答のない環境課題を日豪の生徒たちが討論する高大連携プログラムとなる。講義とディスカッションはELF（English as a Lingua Franca：国際共通言語としての英語）で行われるので、参加生徒たちが普段の英語学習に力を入れ、やがて海外で討論する機会を通じて英語力を養うことを期待している。この英語力こそ、国際化する大学での学修の基盤となっていくのである。

「地球は我らの故郷なり」を標榜してきた本学園だが、故郷とは生活だけではなく学習の場をも意味している。内向き傾向が嘆かれている昨今の学生・生徒であるが、先を見据えて、このような機会をプロアクティブに活用してほしい。

この日豪環境学習プログラムは、渡航費用、宿泊費、教材費すべてが奨学金でカバーされる。ノーザン・テリトリー教育省のはからいで、奨学金には小原哲郎名誉総長の名前が冠せられた。名誉総長が成し遂げた本学園近代化の功績を称えてのことだが、私にとっても大変な栄誉である。深く感謝している。

２０１４年１月号

スマートフォン世相に思う

久しぶりに地下鉄を利用した。車内の老若男女の大半が指を忙しく動かしながらスマートフォンの画面に見入り、操作に夢中になっている。社会のデジタル化の速さと波及の世代幅の広さに驚く。インターネットが普及し始めたころ、情報は自ら探しに出向くものではなく、自分のところへ持ってくることができるようになると言われた。しかし、今では情報は勝手に津波のように押し寄せてくる。例えば、お店の近くや店舗内を歩いているだけで、スマートフォンに、セール情報やクーポンをプッシュ配信する販促法も一般化されようとしている。これはある意味でジョージ・オーウェルの小説『１９８４年』である。市民は常に、自分の持ち運ぶデジタル機器の出す信号で行動を監視されているようなものではないだろうか。

人間がデジタル機器を使う時代から、使われる時代へと変化してきている。そうした社会変化に対応した教育内容を、学校は子供たちに提供しているかどうか、検証が必要である。それが学校と大学のアカウンタビリティーである。

デジタル社会の中で暮らしている学生と生徒たちにとって、スマホを手放して勉強しろと言っても現実とあまりに乖離した意見であろう。今はまず彼らに、デジタル機器を介しての被害者にも加害者にもなることなく、デジタル・シチズンシップ（デジタル市民権）を身につけてもらいたい。社会の一員としての規範を備えつつ、デジタル機器の誤用・悪用を防止し、利便性を享受する市民権である。アナログだろうがデジタルだろうが、私たちの行動を御する規範は「法科万能」ではない。法律を尊重し遵守しようとする心、すなわち道徳観があってこその社会活動である。日本もデジタル・シチズンシップを真剣に論じる時期ではないか。教育関係者の気づきが求められる。

2014年2月号

小学校英語教科化の課題

昨年暮れの第九演奏会の余韻に浸っている私に新しい年の課題が降ってきた。小学校から「英語」を教科化するという教育再生実行会議による提言である。本学園をはじめ多くの私立小学校ではすでに低学年から英語教育は始めているし、公立小学校でも英語活動は取り入れられているが、それを5、6年生から正式な教科としてスタートさせるという。

小学生を対象とした英語教育には賛否両論があり、実施を求める父母と、それより国語力をという言語学者との意見は対立する。だが、日本人の英語力がアジア諸国と比較して低いのは事実である。もっと幼少期から英語教育をしたなら、日本人の英語力はアジアでも上位に入ることができるとの意見もあり、このたびの小学校の英語教科化の根拠ともなっている。

いっぽう、母国語が根付いていないことには、どの教科にあっても習得へ繋がらないため、小学校ではまず英語より国語力をとの意見も強い。たとえば日本語が未熟なために抽象的な算数の概念が理解できなくなるという指摘がある。しかし、グローバリゼーションの波は思うより速く押し寄せている。教室の中は日本人だけ、職場でも仕事相手が日本人だけという環境は、今後はあり得ない。抽象論ではなく具体レベルで小学校英語導入と教育内容を検討する時期を迎えている。

カリキュラムを考えると、現状の小学校教育の時間数枠組みのまま、英語の時間数を割り込ませることができるかは疑問である。帰宅時間を遅くして、学習総時間数を増やすような「詰め込み」を避けるためにも、まず小学校教育課程の科目数が多すぎる課題を解決していかなければならない。

さらに、中学校では英語の授業を英語で行うことが提言された。高校では、英語の授業で発表や討論を重視するとしている。つまり、すべての英語教育が前倒しされるとしたら、英語の教員養成のあり方に対応が急務であろう。現状の大学生の平均的英語力で、中学生に英語で英語を教える教員養成ができるのか。大学にそれを教えることができる大学教員がどれだけいるのか。同じように、現状のままでは小学生に英語を教えられる小学校教員を養成しきれないことは明白である。

まず教職課程に在籍する学生の意識と、彼らへの教員養成の方法を改革しなければならない。国際化への教育改革の大きなうねりにいかに対応するかが今年の玉川の課題である。

２０１４年９月号

85周年記念玉川学園音楽祭

今年で本学園は創立85周年を迎える。７月４日には東京国際フォーラムで「玉川学園音楽祭」が開催された。２００９年に横浜アリーナでＫ－12から大学生までが参加して行われた「80周年記念玉川学園の集い」からもう５年が経ったのだと、改めて時の流れの速さを思った。

80周年からの５年は瞬く間だったと感じていたが、Ｋ－12と大学は時の流れとともに変化してきた。過去５年間は日本にとって厳しい時期であった。リーマンショックから日本経済が立ち直ろうかという時に、激甚災害とそれに伴う東京電力福島原子力発電所の事故があった。事故前に日本の発電量の３分の１を担っていた原子力発電だが、事故を機に運転停止が相次ぎ、火力発電への依存度が高まった。これは私たちにとって他人事ではない。石油やＬＮＧ（液化天然ガス）といった火力発電に使用する燃料の調達コストが増大し、本学の光熱水費にも影響しているのである。省エネルギーに努めはしたものの、昨年度の本学全体の光熱水費は対予算８パーセント増であった。

これから創立90周年に向けた活動が始まる。その一つが旧耐震基準に基づいて建てられた教室棟を更新していくことである。新築する建物は新耐震基準を遵守するだけではなく、電力需給の逼迫《ひっぱく》を想定に入れた省エネ棟でなければならない。

今後、大学の教育スタイルは大きく変化し、グループディスカッションやグループワークを取り入れたアクティブ・ラーニングの機会が増す。一方で、伝統的な学修スタイルも可能な教室を考えて設計していく必要がある。これは「言うは易し行うは難し」である。この先どういったアクティブ・ラーニングのスタイルが出てくるか想像できないからである。

例えば80周年を迎えた頃は、アクティブ・ラーニングという教育用語そのものが珍しかった。結果論での批判は易しいことだが、将来の学修の在り方を予測しながら教室設計をすることは非常に困難である。しかし困難に挑まなければ、教育そのものの改善を進めることはできない。これは大学だけではなく、K－12にも言えることである。

創立85周年記念行事に参加しながら、次の周年行事までにやるべきことを考えていた。

２０１４年10月号

大学教育棟２０１４と美留和晴耕塾

8月2日、札幌で北海道内の玉川大学・玉川学園学友会4支部合同による「北海道　玉川の集い」が催された。昨年、同窓会と父母会が合同して玉川大学・玉川学園学友会を結成し、各地の同窓会支部も学友会へと名称変更した。従って今回は道内の卒業生のみならず、在学中の学生のご父母や夏休みで道内に帰省中の学生も参加する三位一体の会となった。こうした集まりでは「今後、玉川の丘はどう変化するのか」が話題に上る。今回はその詳細を話す機会ともなった。

まず建設中の「大学教育棟２０１４」が、玉川の風景を大きく変える。創立当初から長い間、玉川池と林が正門からの眺めであった。その後、１９６１（昭和36）年に完成した文学部第2校舎（現大学2号館）が、林の後ろに見えるようになった。１９６６（昭和41）年には幼稚部の赤い屋根のキノコ型園舎が完成し、幼稚部から大学までを擁する総合学園を表わす風景に変わった。

玉川池を囲むように建つ大学教育棟２０１４と食堂棟は、学園にとって過去最大の建物となる。大学教育棟２０１４の内訳は、図書館が3フロア、講義室が2フロア、学修支援・事務と教員研究室がそれぞれ1フロアである。図書館は日本の大学設置基準を超える仕様で、いずれ大学教育の主流となるアクティブ・ラーニングのための場所を確保している。事前学修と教室でのディスカッションを軸とする「反転授業」のためのスタジオもあり、多様な学修スタイルを可能にする。

加えて今まで別々の場所にあった学生支援の部署（教学部、学生センター、キャリアセンター）を同じフロアに配置する。学生は入学から卒業まで、必要とする支援をワンストップで受けられ、学生生活の上で利便性が高まる。建物の外観はクラシックなデザインだが、内部には免震装置や通気システムなどの先端技術を注ぎ込んでいる。過去から受け継いだ遺産を大切にしながら新しい学修へと進んでいく、「温故知新」を象徴する施設である。

大学教育棟2014の完成で建物に関する計画が完了するわけではない。卒業生が学び、慣れ親しんだ建物を順次、新耐震基準に合った校舎へと更新しなければならない。新規の建物は母校の発展として卒業生には評価してもらいやすいが、一方で自分たちが学んだ校舎が消えることには受け入れ難い思いもあるであろう。

文学部第1校舎や第2校舎は授業だけではなく、課外活動やコスモス祭で大いに賑わった。ホワイト校舎とも呼ばれた鉄筋の建物は「借金コンクリート」と名誉総長がよく話題にした。ほかにも芸術科校舎（現大学3号館）や女子短期大学校舎（現大学9号館）、工学部校舎（現大学8号館）と続けると、卒業生のほぼ全員が大学時代の思い出として記憶する建物を網羅できる。建物の更新は必須だが、過去から現在に続く蓄積までも消し去ってしまうようで、実は私にも辛いものがある。

学外施設の一つ、北海道弟子屈《てしかが》農場では宿舎「美留和晴耕塾《びるわせいこうじゅく》」を新築している。札幌の学友会の後、工事視察に行ってきた。農場はウシを飼育する76・6万平方メートルの牧場と45・5万平方メートルの北方系森林科学研究フィールドからなる。釧路川に近く、自然観察に適した場所で、主に農学部の実習や卒業研究に使われている。

今までの宿舎は築41年のカマボコ型建物で、夏は暑く冬は寒いことで知られていた。何度か真冬の農場を訪れたが、冬の寒さは玉川と比べようもない。多くの実習が夏季のため、長らく更新してこなかった。建設中の宿舎は寒冷地仕様で、断熱効果の高いペアガラス使用の窓と床暖房のほか、暖炉も備える。完成後は農場を夏季以外でも使えるようになる。

農場周辺は自然が多く残る。動物はエゾシカ、キタキツネに始まり、ヒグマも生息する。理科教員を目指す学生の実習だけではなく、中高生の自然観察のプログラムを実施するなど、理科の学習にも活用できそうである。どんな学びがここで実現されるのか、今後が楽しみだ。輝く夜空の星は東京では想像できない美しさである。数えるほどの星しか目に入らない玉川とはまったく違う。農学部の実習生たちは道路に寝転んで夜空の星を仰ぎ見ているが、こんな経験を一人でも多く、玉川に学ぶ子供たちにさせたい。

日本の青少年の理科離れは著しい。北海道弟子屈農場を訪れ、地球を包む宇宙の雄大さ、星々の神秘に関心を抱く生徒たちが増えることを願っている。

2014年11月号

平成の学制改革

教育改革は、第2次安倍内閣の最重要課題の一つであるが、その柱を成している事項に「学制改革」がある。

小学校6年、中学校3年、高校3年の6・3・3制は戦後導入され、高校進学率向上（現在は98％）、大学ユニバーサル化に貢献した。だが少子化で小学校のみならず中学校も統廃合される状況にあって、6・3・3と区分する意味は薄れている。昔は社会人を送り出す機関であった高校も、大学進学のためのカリキュラムが混じり、本来の機能とは変化してきている。

義務教育の小学校と中学校は、統合された学校としてどこまでカリキュラムが「アライメント」しているかは疑わしい。そもそも義務教育を論じる際にこの「アライメント」が使われたことは稀であった。これは「一列整列」「整合」「連携」といった意味で、小中学校間の教育連携、なかでもカリキュラムや教授法の連携を意味する。また各学校で完結する教育を行うのではなく、上位校での教育活動を前提とした教育を推進することを意味する。

「準義務教育」と言われるまで進学率が高まった高等学校を「任意教育機関」にとどめ置く根拠は薄れているのではないだろうか。それなら小中だけではなく高校までを並べた一貫教育制度が考えられる。さらに子供の成長の早さを踏まえると、幼稚園の年長を義務教育の範疇に加えることも暴論として斥けることはできない。ここに欧米にあるようなK－12の考え方が成り立つし、大学ユニバーサル化に対応したK－16も現実的なあり方と言える。

敢えて言うなら、高校入試と大学入試の時だけ排除の論理を働かせる意味も考えるべきであろう。それ以外の学年の間で同じ論理が働く教育環境が整備されているのか。厳しい入試に相応の教育と成績評価がなされているのか。「入るのは厳しくても進級・卒業は安易」という現状は、グローバル化を前に改める必要がある。

新しい教育のあり方を踏まえた学制を整え、教員免許制度もそれにふさわしいものにしなければならない。この課題に関連した中央教育審議会の会議が9月と10月に集中した。「実りの秋」にもかかわらず、食べ物のことを思う余裕などない今秋であった。

２０１５年2月号

第九演奏会——光輝く足跡

12月7日、サントリーホールにおいて玉川大学第九演奏会が行われた。今回の演奏会は創立85周年の記念行事でもあった。

私が玉川学園の中学部1年生の頃はヘンデル作曲の「ハレルヤ」コーラスをＡＢＣ交響楽団の演奏で歌うのが恒例行事だった。交響楽団の指揮者の指揮法に必死で合わせたことを鮮明に憶えている。ハレルヤを卒業すると、次にベートーヴェンの交響曲第9番第4楽章の「歓喜の歌」に挑戦する。今では想像もできないだろうが、当時は高等部の生徒が全員、大学生に混じって合唱したのである。それだけ規模の小さい高校であり大学でもあった。

礼拝の時間にオヤジさん（創立者・小原國芳）は、「君たちはオタマジャクシ（音符）を読めないし、ドイツ語も判らないだろう。この大曲は体で丸暗記しなさい」とよく言っていた。なぜ、こんな無茶を学生生徒に取り組ませたのか。ひとえに本物の手応えを知れということだったと、今なら理解ができる。合唱だけでなく、指揮者もソリストもオーケストラも、オール玉川で第九の第4楽章を演奏するのがオヤジさんの夢だったが、1962（昭和37）年、文京公会堂でついに実現する時が来た。私は高校1年生。"Freude Shöner Götterfunken"と、がむしゃらに暗記した。ドイツ語どころか、「風呂出で　シェー練る　ゲッ輝る」としか聞こえなかっただろうと思うと冷や汗が出るが、思い出は温かく懐かしい。

その後は高校生と大学生も増え、大学生だけの第九合唱となった。創立40周年の1969（昭和44）年には大学管弦楽団は初の全楽章演奏を行う。さらに1980（昭和55）年には、創立50周年事業として記念体育館、記念グラウンド、中学年校舎の建設が行われたのに合わせて、カナダから指揮者を招聘し、記念特別演奏会を行った。この翌年から、大学1年生が第4楽章を歌う「玉川大学音楽祭」と、指揮者とソリストをプロにお願いし、大学管弦楽団と合唱団が中心になって行う「玉川大学第九演奏会」が併行するようになって、今に至ったのである。

1987（昭和62）年には、サントリーホールで演奏することになった。日本が世界に誇る音楽ホール、音楽大学の学生でさえ上がる機会は滅多とない舞台への挑戦であったが、「本物にふれる教育を」という玉川の伝統に沿って邁進してきたら、おのずと道が拓けたように思う。学生にもとてつもなく大きな課題だったはずだが、どれほどの達成感、自信となって返ってきたであろうか。

この成長を支えることこそ教育だと言い続けてきたのがオヤジさんであった。

ここ10年以上、指揮は秋山和慶先生、ソリストは大倉由紀枝、永井和子、錦織健、木村俊光の先生方にお願いをした。音楽界に詳しい方によれば、一大学の演奏会でこれだけのプロが揃うのは驚嘆に値すると言う。なんと玉川は幸せなのだろう。


精神の礎を本物の芸術で支えるとして、教育の場に音楽を取り入れ、第九は玉川の一部とまでなった。だがしかし、サントリーホールでの第九演奏会は、今回をもってひと区切りとする。

毎年12月の本番に向けて学生たちはひたむきに練習を重ねてきたが、ここ数年は演奏者の減少に悩まされてきた。加えて、大学教育における単位の実質化が課せられている近年の学生たちにとって、学修時間の確保を優先すれば練習時間が取れないという葛藤があった。私も教育現場も苦渋の決断であったが、今後は大学1年生による音楽祭に一本化して、第九を歌い継いできた伝統を守っていきたい。

顧みると、新宿文化センター、厚木市文化会館、東京厚生年金会館、オーチャードホール、そしてサントリーホールと第一級のホールで演奏できた。指揮も、ウォード・コール、藤本晃、石丸寛、山田一雄、荒谷俊治、矢崎彦太郎、大友直人、そして秋山和慶という名指揮者の諸先生に指導をたまわった。また、東敦子、西明美、下野昇、岡村喬生、本宮寛子、妻鳥純子、藤原章雄、島村武男、栗林義信、大倉由紀枝、福井敬、牧野正人、永井和子、吉田浩之、末吉利行、錦織健、福島明也、木村俊光、寺谷千枝子、市原多朗の先生方にソリストを担ってもらえた。
すべてが学園の光輝く足跡である。この場で衷心より先生方にお礼申し上げます。本当にありがたいことでした。

2015年3月号

国際化と寛容性

中東情勢の緊張についての報道が増えている。フランスをはじめ世界各地でのテロ事件、人質の略取殺害など、武力によるジハードは国際社会にとっての脅威である。日本人も犠牲となって、悲しく凄惨な結果となった。

この地域は石油利権が絡むのみならず、古代より宗教による覇権争いが絶えない複雑な地域である。ユダヤ教、キリスト教とイスラム教は、それぞれに一神教という共通点はあるが、法的な秩序、人権の規範などは信仰を土台に、それぞれに大きな違いがある。日本のように、結婚式はキリスト教、子供が誕生すればお宮参りと七五三は神道、そしてお葬式は仏教で行うといったように、行事によって神仏がかくも仲良く曖昧に共存している社会にいてはその宗教観は想像すらできない。もちろん、彼らにとっても、日本人の宗教観は理解できないであろう。

今までは互いに「彼の地」でのことと考えてきたが、今後のグローバリゼーションで、この差異はもっと身近に突きつけられることになる。国際平和とは、そうした差異を乗り越えた相互理解を通じての平和であるが、その平和の概念さえ、宗教によって大きく隔たる。そして争いが起き、制圧がなされるという連鎖が起きる。

私は、その隔たりを埋めるのは寛容さだと思っている。突き詰めれば、自己と他者の差を見つめる力を持つか否かではないか。何でも容認するというのではなく、世界には多様な考え方があり、複数の基準が存在することをまず知る。そのうえで、自分が属する社会ではどのような基準が適用されているのか、されるべきなのか、事象の点だけでなく、歴史や文化という連続した線や面からものごとを考える力と寛容性が、国際化には求められる。

振り返れば、人類が寛容さを忘れたときに世界を巻き込む大戦が起きている。さらなる国際化の社会を生きていく生徒学生諸君にとって、今後向き合っていく大切で大きな課題である。

2015年4月号

大学入試改革2020

2月は大学入試で明け暮れた。志願してくる側も迎え入れる側も正念場である。本学の大学入試は9月のＡＯ型入学審査に始まり、指定校制推薦入試、公募制推薦入試と続き、2月に行う一般入試（全学統一入試と学部別入試）が最大規模となる。

各私立大学では、約1年前の春から準備を開始して前回の試験問題を振り返り、新しい入試問題作成に取りかかる。現在は試験回数が増えた分だけ作成する問題も増えた。それぞれの試験日で問題が重ならないようにし、かつ難易度は同レベルにしなければならない。教員たちが作成した試験問題が「適正かつ相応」か、客観的判断を第三者に委託するわけにはいかない。漏洩のリスクがあるからだ。校正作業も、現場だけではなく印刷所からの漏洩にも注意し、試験問題の盗難に対しても厳重な防犯体制で臨む。情報漏洩事件と同じで、試験問題の盗難被害にあえば、被害者の立場であっても、責任を負うのは大学なのである。

入試の合否判定も、1点2点の差で受験生に明暗があるのはもちろん、同点ラインで切るときには、そのラインをどこに引くかで定員割れするかしないか、大学側にも存続のリスクがある。どれをとっても入試はまさに神経消耗戦だが、それだけ大学にとって重要なのである。

しかし、長年続いてきた1点刻みの大学入試のあり方も、大学全入時代と言われる大学ユニバーサル化を受けて変化していく。受験生と大学双方のメリットとデメリットを考え、入試システムはこれまで何度も改革されてきたが、いよいよ従来とは異なった入試へと大学は大きく舵取りをしなければならない時が来た。

様々に方向性が検討されてきた現行の「大学入試センター試験」に代わる新しい大学入試制度に

ついて、文部科学省の中央教育審議会は、昨年12月下旬に、センター試験を廃止して新テストを実施し、大学入試を改革すると答申した。現在の小学校6年生が受ける2020年度から大学入試制度が変わる見通しだ。知識の量を問う従来のセンター試験ではなく、思考や判断など「活用力」を問う出題にした「大学入学希望者学力評価テスト（仮称）」が行われる。受験生の「人物を見る」狙いで行われ、拡大してきたAO型入学審査や推薦入試にも、この改革で2019年度から開始される新たな「高校基礎学力テスト（仮称）」が課されることになる。

現在の入試が長期間にわたって検証を重ね改善してきたように、新しい入試でも試行錯誤を繰り返さなければならないだろう。思考力を問い、多面的、総合的に評価するための入試を目指すために、プロトタイプからパイロット施行を経ていくが、そのためには今から一連の作業を始め、現行の入試の準備と並行して行うことになる。言うほど簡単にはいきそうにない。

2015年7・8月号

IB学長会議に出席して

4月末、スイスのジュネーブで行われたIB学長会議に出席した。IBO（国際バカロレア事務局 International Baccalaureate Organization）は隔年で世界の大学から学長や入学担当副学長の参加を求めてシンポジウムを企画している。目的は、ＩＢ生には大学教育を享受する資質が十二分に備わっていると広報することにある。

玉川学園でＩＢクラスをスタートさせて8年が経ち、ディプロマ・プログラム（ＤＰ）からの卒業生も大方が希望した大学へ進学している。スタート時は国内の一条校でＩＢ教育を行う学校は数校しかなく先駆的な取り組みであったが、ここ数年、ＩＢを採用する学校は増える兆しが見えてきている。文部科学省も「国際バカロレアの趣旨を踏まえた教育の推進」を掲げ、２０１８年までに認定校を２００校に増やす方針を打ち出した。

ＩＢは国際的で総合的な教育プログラムであり、大学入学資格（国際バカロレア資格 IB Diploma）で世界中の大学進学へのルートを確保することを目的としている。現在、世界１４７カ国、実に、４、１４５校（生徒数１２５万名）で推進されている。日本はまだまだ発展途上であるが、教育界の需要を考えると、日本の中での先駆者として羽ばたいていった玉川学園の生徒たちを誇らしく思う。

ＩＢ教育推進のためには、国際バカロレア資格を大学受験資格として認める大学が国内に増えることも重要である。筑波大学、岡山大学などの国公立大、玉川を含めて慶應義塾、上智など数校の私立大だけだったのが、ようやくここ数年でＩＢを活用した入試枠は広がろうとしている。

ＩＢ教育は、問題対応力を高める課題探究型の授業が特色。大学教育を受けるための基礎となる学力のほかに、通常の学力試験では計ることができない資質を培う。したがって、自らの意志で主体的に学習を進めていく力、与えられた知識だけではなく積極的に新しい情報を求める姿勢とノウハウが、ＩＢ生には備わっている。多くの欧米の大学はそうした資質を重視する。大学入学後に主体的かつ能動的に学べる力を身につけているかどうかを基本に据える。今後、日本の大学の入試判定も、１点刻みの得点型判定から、いかにアクティブ・ラーニングに馴染んでいるのかを問う大学が増えてくるであろう。ＩＢ教育をいっそう推進する意味があると考える。

２０１５年11月号

ＪＵＳＴＥＣ年次大会と通信教育

９月14日からＪＵＳＴＥＣ（日米教員養成協議会 The Japan-U.S. Teacher Education Consortium）年次大会に出席した。ＪＵＳＴＥＣは１９８７年、日米の有力大学の学長たちによって、教員養成や教師教育における研究や共同研究を促進していくために設立された。当初３年間の協議会として科学研究費の補助を受け、第１回大会は１９８８年に京都大学で行われた。その後、科学研究費の補助も10年間に延長され、隔年で日本とアメリカの大学で大会を開催して今回で27回を数える。玉川大学は日本の基幹大学でもある。

今年のＪＵＳＴＥＣはフロリダ州ペンサコーラにあるウエスト・フロリダ大学で行われた。かつて本学教育学部で教鞭をとっていたダグラス・トレルファ教授が大会の事務局を担ってくれた。

どの国にとっても将来の社会を担う人材育成は大きな課題である。中央教育審議会でも日本を支える人材をどのように育て、何をどう教えればよいのかが検討されている。アメリカも同様に学校教育課題に挑んでいる。ただ、移民流入を含む人口増の国であるアメリカと、その対極のような日本とでは課題の性格は異なる。今回のＪＵＳＴＥＣでも、西欧から輸入できる教育手法と、日本の学校教育事情に合うよう「日本仕様」に修正を必要とする教育手法があることを考えさせられた。

１９５０年、本学では通信教育による教員養成がスタートした。背景には、戦後の新学制実施に対して、教員の絶対数の不足と質向上の必要性があった。小学校教員免許状を取得できる通信教育課程は玉川が日本初。本学では大学に学ぶ者としての誇りを持ってほしいという創立者の考えで、通信教育部は「通大」の呼称で親しまれてきた。以来、教員を全国の教育現場に送り出し、日本の戦後教育に多大な貢献をした通信教育だと評価を受けている。今も小学校教員免許状取得を目指す通大生の７割以上は社会人で、「生涯学べ」を標榜して学び続けている。

しかし、２０００年以降、開放制の教員養成で、まるで流行でもあるように小学校教員免許状を取得できる私学が急増した。ここで大学側が検討しなければならないことは、子供人口の推移を見越した教員養成規模である。「子供人口増＝教員不足」の時代の枠組みで今後も教員養成を続ける意義を俎上に載せなければならない。

現在、教員免許状所持者の約８割は教職に就かないペーパーティーチャーだという。小学校教員需要は、全国で２０１７年度にピーク（1万6、０００人強）を迎えるが、東京オリンピックの終了後、急減が始まり、25年度には約1万人に減少すると見込まれている。やがて直面する教員需要の減少に、どう対応するか。通大のみならず、大学全体としても大きな課題でもある。

加えて、通信教育による教員養成は課程認定の点からも問題を抱えている。昨今の通学の学部は「単位の実質化」と「厳格な成績評価」という課題を満たすように教員養成課程を改善してきているが、通信教育ではまだ遅れをとっている。履修に対し、どのような能力を身につけたか、さらに適正に問われる必要がある。自宅学修とスクーリングの2本柱という厳しい条件の中で学ぶ通大生のためにも、教員養成課程にどのように学修支援体制をつくっていくか、見直す時期にきている。

先のＪＵＳＴＥＣは期間を限ってスタートしたが、今は永続させる方向へと変化してきた。なぜならば学校教育には、「最終的に万能」と言える教育政策がないからである。社会が予定（計画）したように変化をするならば、学校教育もその変化への追随で充分であろう。社会人育成は目標を設定しやすいし、同年齢の子供には昨年の繰り返し教育で足りるかもしれない。しかし、実社会は国内の諸事情だけではなく、外国からの圧力によってもダイナミックな変化を余儀なくされていて、計画通りに進歩、発展、成長することはあり得ない。基礎学修は基礎として不動であるが、教科の教授法は変化にどんどん柔軟に対応していかなければならない。

社会の変化に対応するための従来にはない教育手法がアクティブ・ラーニングである。知識量のみならず、主体的で応用のきく人材を社会が求めているなら、問題発見や問題解決の能力、コミュニケーション・スキルなどを修得するための能動的学修を教員養成課程にも取り入れなくてはならない。さらには教育現場に出たときに、アクティブ・ラーニングの手法で授業ができるように学ばなくてはならない。社会の要請に応える責務が大学にはある。

２０１５年12月号

『全人』８００号

今月号の『全人』の表紙を見て、発行番号が８００となったことに気づいた読者はいるだろうか。『全人』は学園の歩みと共にあり、創立の１９２９年が創刊の年。つまり、86年目にして辿り着いた８００号である。

創立者の小原國芳は「私は私学に身を投じた当初から、〈出版〉と〈機関誌〉は私学経営に不可欠と考えた」と、自伝『教育一路』に書き残しているが、その系譜につながるのが玉川大学出版部と本誌『全人』である。『全人』は創刊誌が現在も刊行され続けている雑誌として、日本で１０８番目に古いとのこと。出版部の調査によると、一般誌で最長寿の雑誌は『中央公論』（中央公論新社）で１８８７年創刊。『文藝春秋』（文藝春秋）が１９２３年創刊というから、１９２９年創刊の『全人』の息の長さが分かる。

小原國芳と同じ志を持って新教育を開拓しようとする同人への参考となることを願って創刊された『全人』であるが、戦中の混乱期には物資制限で紙確保ができず、休刊を余儀なくされた。しかし、終戦後わずか5カ月後にはザラ紙で再刊。思想統制に屈することもなく、ひたすら信念を強く理想を求め、新教育の意見発表の場として機関誌の使命を全うし続けた。創刊からの指針を貫き、教育の実践報告の場として、よくここまで号を数えた。本学の誇りである。

教育は古からの課題であり、その道は多くある。どの道も進めば進むほどに目的地は遠ざかるようにも見える。『全人』が古くて新しい課題解決の参考になってくれることを願っている。

２０１６年１月号

ＢＬＥＳスタート

11月には来年度にスタートさせる新しいＢＬＥＳ（Bilingual Elementary School）クラスの入試を行った。小学校１年生から国語（日本語）と英語のバイリンガル環境で授業を行うクラスである。

今までの英語学習はいわば大学進学のパスポートであった。しかし、ＴＰＰの経済圏の誕生を見るように、これからの日本社会では政治、経済、貿易で国際化を求められ、母国語ではなく、共通言語としての英語での交渉力、議論力が必要になる。大学での英語教育はもちろんのこと、中等教育段階、さらには初等教育段階から英語教育を行わなければ、国際化の時代に求められている英語力は養えない。そのために小学校英語の教科化があり、英語による中等教育英語の指導がある。

今、小学校に求められている教科は国語、算数、そして英語であるが、小学校英語の是非はなお議論されており、この段階で優先されるべきは母語での教育であり、英語は母語の基礎が固まってからとの意見も強くある。ＢＬＥＳはしかし、英語漬けにする完全イマージョン教育ではなく、国語と英語の両言語で学ぶ。国語の力も確実に身につけ、思考力と英語力を兼ね備えるためのプログラムである。文部科学省の学習指導要領に則ったうえで、英語で行う授業は7割程度。週の授業時間数を3割近く増やしたＢＬＥＳクラスがスタートする。

教育の国際化への意識の高まりで志願者数も想定以上で、当初は定員35名としていたが、約2倍の60名を合格させた。ＢＬＥＳは今後の初等教育への需要に確実に応える教育だと考えている。

２０１６年2月号

FC町田ゼルビアとの教育提携

玉川大学・玉川学園と教育連携している日本プロサッカーリーグのＦＣ町田ゼルビアが、昨年12月6日、Ｊ2とＪ3入れ替え戦で勝利し、みごとＪ2昇格を果たした。

町田ゼルビアは、町田市民、地元の商店街や中小企業がスポンサー、パートナーとなっており、本学もその一つである。チームの選手たちが児童生徒の指導をしてくれたり、選手たちがTAP（Tamagawa Adventure Program）で研修を受けたりしている。大分トリニータとの入れ替え戦第1戦はホームゲームで、野津田競技場で8、000名以上が観戦した。第2戦は大分でのアウェイゲーム。町田市役所内のパブリックビューイングでの応援はJ2昇格のかかる大一番で、サポーターたちの興奮は今シーズン最大級であったと聞いた。

サッカーと言えば思い出すのが、私のロックスベリー校時代の秋の課外活動。サッカーかアメリカン・フットボールのどちらかが必修で、サッカーを選択した。玉川の高等部ではラグビーをしていたし、本場のアメリカン・フットボールをやってみたいと一時は思ったが、高校生とはいえ、体格的にとても私が参加できるようなスポーツではなかった。

サッカーは、手を使うスポーツを体験した身にとっては、実にイライラするスポーツだと思ってしまう。サッカーの醍醐味は球の蹴り合いにあるが、受けるのは足や腿や脛、腹や胸、頭などでトラッピングするだけで、手の自由さを封印されるのは何とももどかしい。ラグビーもボールを前へパスすることを反則としている。スポーツとは何がしかの不自由さをルールに、ルールに則したパフォーマンスを磨くことで競技となったと言えるかもしれない。

来季町田ゼルビアには今季以上の厳しい戦いが待ち受けていると予想されるが、町田市民の応援を背に受けて健闘してくれることを期待している。

ELF Study Hall 2015

ＥＬＦとはEnglish as a Lingua Franca、英語を母語としない人たちにとっての国際共通語としての英語である。日本の英語学習はネイティブスピーカーの英語を標準としてきたが、英語を使用している社会でのネイティブは実は2割にすぎない。ネイティブのように英語を操ることは理想ではあるが、それよりも重要になってきているのが、自分の意思を英語で的確に効率的に相手に伝えることである。これはビジネスのみならず、国境を越えた研究の分野でも必要なことである。

今までの政治経済は「中央」と「周辺」といった従属関係で行われてきていたが、これからはＴＰＰが示すように、多国籍の人々が対等の立場で交渉をするようになる。そこで求められるのは、英語を母語としない人たちとも英語でコミュニケーションをとる力、多様な英語に対応する力である。

本学ではＥＬＦプログラムを導入し、今年度からは全学必修のプログラムとした。さらにこのたび、ＥＬＦ授業を行うために大学5号館の改修を行い、「ELF Study Hall 2015」として新生した。建物の半分がＥＬＦプログラムのための教室となっており、従来の教室内装とは異なっていることが特徴である。授業を行う環境や雰囲気を非日本的にして、学生たちが日本語使用をミニマムに努められるようにしてある。これは多くの大学で取り入れている学修環境作りでもある。

英語はもはや入学の選抜のための科目でなく、社会活動を行うためのツール。国際共通語を学ぶ英語教育が求められている。

2016年3月号

玉川のスキー学校

私にとって1月の歌といえば「山は白銀、朝日を浴びて……」の「スキー」である。幼少の頃から親しんできたスキーなので、1月になると白銀の世界を思っては心が躍る。

今年は2年ぶりにスキー学校に参加した。玉川学園のように4年生と5年生と7年生全員がスキー学校に参加するプログラムを持つ学校は少ないのではないだろうか。本学園のこの伝統行事を私は誇らしく思っている。始まりは1930年、「同じ習うなら世界一の先生にスキーを習いたい」と生徒が語ったひと言から、創立者の小原國芳が当時スキーの神様とも呼ばれたハンネス・シュナイダーをオーストリアから招聘したことにある。今から86年も前、シュナイダーは玉川でのスキー指導を皮切りに、日本各地で講演や講習会を行い、日本のスキー技術を大きく発展させた。

スキー学校の歴史を知っている児童生徒たちは、現在どのくらいいるのだろう。なぜ全員でスキー学校なのか、疑問を抱く者もいるかもしれないが、自然の中の自分と向き合って、より豊かに成長してもらいたいという目的は、86年前から変わらない。

玉川のスキー学校はさまざまなゲレンデで行われてきたが、ここ数年は志賀高原一の瀬で行われている。ここは40年ほど前、私が大学のスキー部監督をしていた時代にも通ったゲレンデで、標高も高く、早い時期から遅い時期まで雪があって量と質も素晴らしいところである。わずか2日間ではあったが、風を切って滑り降りる爽快感と心地よさでスキーの楽しさを堪能することができた。

２０１６年４月号

教育機関にとってのＩＲ

大学や学校におけるＩＲとは、機関調査（Institutional Research）をいう。教育活動の経年変化や、定めた目標の到達度など、さまざまな項目を調査して把握・分析し、数値化・標準化をして活用する。調査項目は多岐にわたるが点検のためではなく、今後の学校経営の意思決定、教育研究活動、カリキュラム設計や授業デザイン、学生支援などに反映するためにある。

たとえば校舎の設計なら、どんなニーズが学修スタイルに生じているのか、学生と生徒の動線、学修時間帯など、細かいデータを調査分析し、設計に活用する。また昨今のように学生生徒数減少の時代には、経営収支分析はカリキュラムポリシーを立てるうえでより重要になる。水道光熱費も、資源消費が教育活動におよぼす費用対効果という視点で分析した反映する。

ＩＲはアメリカで先行して取り組まれてきたが、私は、自らを調査し、客観的なデータから傾向と対策を見つけるＩＲは、日本の大学の風土には向かないのではないかと考えてきた。教育の「そもそも論」で予定調和の議論になってしまい、なかなか「あるべき論」に踏み出せないからだ。

しかし、日本の大学が全入時代を迎えて学士課程教育の再構築が求められ、今までの履修主義から、どれだけ学び、どれほど修得したのかという学位の質保証が問われるようになった。学士にふさわしい能力を身につけさせるために必要な教育プログラムは？　到達度をはかるには？　日本の大学は教育変革（改善）の必要に迫られたのをきっかけに、この数年、アメリカの高等教育にならってＩＲを取り入れてきたのである。

2月22日、本学の大学教育棟２０１４においてＡＰ合同フォーラム「共通の学生調査を用いた学修成果の可視化への取組」が開催された。これは大阪府立大学、長崎大学、玉川大学が「大学ＩＲコンソーシアム」と共催し、文部科学省補助事業「大学教育再生加速プログラム」の一環として行ったもの。全国から約２６０名が参加する盛況ぶりで、各大学とも、調査・分析した学修成果をどう可視化するか、また、可視化したデータをどうＦＤ（Faculty Development 教育研究活動の開発・改革）につなげるか、必要性と重要性を認識しているかが分かる。

それぞれの実践や活用例が報告されたが、大学が自ら調査して学生の実態を把握したデータを改革に役立てるには、大学の教員や経営側とのつながりの分析も必要になる。どんな授業が学生を伸ばすのかだけでなく、どういう教員配置や教え方にコストをかければ効果があがるのかなど、組織としての大学も同時に調査対象にしてこそＩＲの意味が深まりそうだ。

プログラムやカリキュラムだけではない。たとえば、耐震基準の厳格化に応じた校舎設計に直面している大学にとってもＩＲは活かされる。校舎は、かつてはインパクトが強くアカデミックな建物が設計されたが、しかし、そこには学生の使い勝手が優先されていない場合も多かった。玉川の大学教育棟２０１４を建てたときは、何度も調査データを分析して設計者とプランの練り直しを続けた。最終的にすべての懸案は、「これからの学びのスタイルはどう変わるか」に照らし合わせて解決した。つまり、アクティブ・ラーニングにふさわしいかどうかを徹底検証したのである。椅子一つ、机一つとっても形状、配置など学びに有用なことをデータから決定していった。

結果は出た。従来の図書館は学修の場へとシフトし、利用率は上がり、授業外の学修時間が確保されつつある。ＩＲは将来さらに必要となる分野だと考える。

２０１６年9月号

アクア・アグリステーション発進

6月23日、この3月に完成した新しい研究施設「アクア・アグリステーション」にアワビの稚貝が初導入され、本学は陸上での海産物生産の研究に踏み出した。

季節を越えた果実と野菜を供給するための温室栽培の技術は、電力不足や石油危機の影響を受けつつも広く普及した。さらに本学では植物の生長に欠かせない光にＬＥＤを活用し、光の波長を制御することで生産効率を高め、機能性の異なる野菜を栽培している。本学の「ＬＥＤ農園」の研究と実践は分野の先頭集団を行き、ＬＥＤ栽培の成果物であるリーフレタスは小田急線沿線のスーパーマーケットＯＸでも販売されている。しかし、陸上での海産物の養殖は初めての試みである。本学のような中規模大学にとっては無謀に近い挑戦かもしれないが、将来の食料確保を見据え、持続可能な食料生産技術を追究するためにスタートさせた。

現在、日本では海岸線での海産物養殖が主流だが、この養殖技術は海洋汚染という隠れた問題をも孕んでいる。魚や貝類が消費しきれなかった餌が海底に沈殿し、さらに排泄物が加わり、海洋環境に変化を起こす。結果、養殖に適さない水域が生じてしまう。そこで安心安全な養殖の技術として考案されたのが閉鎖循環式陸上養殖である。アクア・アグリステーションでも導入している養殖方式で、水を入れ替えずに循環させる閉鎖環境で餌も環境も人間が管理するため、汚染や病気のリスクが抑えられ、生産性も高い。水の浄化が課題となるが、そこでは玉川学園が教育・研究活動で必要な排水処理や水質チェックのために培ってきた水処理技術が生かされている。

環境に影響のない食料生産技術に確たるものがない現在、試行錯誤をしてでも研究に取り組むのは大学の使命ではないか。企業では失敗イコール事業からの撤退となるが、大学にはＰＤＳＡのサイクルでもって次の実験へと進んでいく機会が与えられている。

一つ気になるのが、アワビが食卓に上るまでには少なくとも3年はかかること。もっと短期間で成長する魚介類のほうが設備投資のコスパは良かったのではないか。しかし、3年後4年後は楽しみで、創立90周年神事のお供え物になっていたりするかもしれない。

２０１６年10月号

アクティブ・ラーニングとティーチング

このところ大学だけではなく、幼稚園を含めた高等学校までの初等中等教育のすべての教育現場で課題となっているのがアクティブ・ラーニング（ＡＬ）である。従来の知識伝達型の受動的な教育から、学びの意味を学修者に分かりやすく理解させ、自ら問題を発見して解を見出す学修者主体の能動的な学びのスタイルで、日本に先行して欧米で導入された。

今年、２０１６年度の中央教育審議会答申には幼稚園からＡＬ導入が謳われることになる。幼稚園は、小学校教育の前段階の教育のみならず家庭教育の延長といった性格を持つため、もともと子供主体の教育が行われてきており、今年の答申を受けて幼稚園がＡＬを導入するのは困難ではないだろう。しかし、学校教育では学年が上がるにつれ子供たちに社会性が求められる。社会に共通する言語、知識をはじめ諸々の価値観や行動規範を身につけることで子供たちは社会の成員へと育っていく。上級学年ほど専門性も強くなり、習わなければならない内容が増える。したがって「教え込む」教育からの転換には難しさが伴うだろう。

日本社会では「出る杭は打たれる」などと言われるように教育にも結果の平等を好む。それは一定水準の能力を備えた日本人を生み出した教育として世界から評価もされてきたが、ＡＬでは「何を知っているか、何ができるか」の内容はもちろんだが、「どう学ぶか」「知っていることをどう使うか」という主体性に重点を置く。人の意見を聴き自分の考えを的確に伝えて、他者と協働しながら、得た知識を目的に応じて使う力が求められる。これにどう教育現場が対応するか。

まず、ＡＬ導入の基本目的を理解することが肝要である。導入の背景には、一つの問題に対して一つの解では対応できなくなっている社会の多様化とグローバリゼーション、高度情報化がある。さらにその根底にあるのが脱護送船団社会の流れであろう。これからは市場の国際的な開放で、人、物、情報の移動は活性化し、さまざまな分野で国境の意義も曖昧になる。社会人には、国際化社会の中で解答のない課題に応える力、いかなる場面にも活用できる汎用的な力が必要となる。横並び一括りの護送船団ではたちまち座礁してしまう。

多様化する社会の需要に応える人材を養うために、学びのスタイルの変化が大学のみならず学校教育全体に求められた。授業、教育環境、ＩＣＴ活用を含む教育機器などから、どうＡＬに取り組むかを見直さねばならない。

ＡＬ導入への私個人の考えは、生徒学生が自主的に学修（ＡＬ）するとしても、ティーチングが先行しなければならないということである。学修する側が知識と技術に乏しければ、そもそもＡＬ

で学べと言っても成果は上がらない。基礎基本となる知識、学ぶ技術を教える必要がある。学校教育とは、「教」という字にあるように、「知識豊かな大人が子供に知識を（力をもって）伝承していく」というティーチングを基本として存在価値がある。

ＡＬ導入で先行するアメリカの大学においても、ＩＣＴを活用するＡＬ用のスペースや実験室と並行してTeaching Labなるものを設置し始めていると聞く。この設置は我々に教育（ティーチング）と学修（ラーニング）の在り方を考える題材を提供している。ＡＬに付随するのはエリアだけではなく、特にＳＴＥＭ教育ではアクティブ・ラーニングの要素を含んだＬａｂの必要性を示している。

この６月に教育施設関係の国際会議で知ったのがＴＥＡＬ（Tech Enabled Active Learning）である。TEAL LabとかTEAL Roomという使われ方をする。「自ら気づき」「主体的に学ぶ」ことと、しっかりと「教える」ことはＡＬにおいて対極のように論じられがちであるが、互いに支えあう関係であるとあらためて認識させられた。

ＡＬ導入は校舎設計の段階からの計画も必要である。新しい学びのスタイルに資する施設と設備は、教室面積だけをとっても検討されねばならない。グループワークやディスカッションなどがしやすいことを優先すれば、従来の授業に適した教室面積が有効とは限らないだろう。施設仕様も、これが良かれとしても次々と変化する。教師と生徒学生が対面して授業を行っていた昔の校舎設計は、導入する教育機器の単純さを考えても何と楽なことであったろう。新しい学びのスタイルに資する学修環境作りの挑戦には絶対がない。時代を見通す視点が試されていることを強く感じる。

２０１６年11月号

情報化社会における学校の安全

今年度内には中央教育審議会から教育課程の答申が出される予定で、部会では教員養成・採用・研修に関わる要項もあわせて詰めの議論が行われている。並行して学校安全部会でも学校安全推進計画の議論が重ねられている。

教育現場の安全確保は学校にとって永遠かつ必須の課題だが、インターネットの普及による社会のデジタル化は課題をより複雑に難しくしている。学校はアナログの現実の積み重ねの場である。そこへデジタルによって生成されたバーチャルが入り込み、仮想現実が並存するようになった。20世紀型の人間からすると、そこにないのにあったり、あるのに直接触れて実感できないものの存在は理解がうまく進まないし拒絶感だってある。しかし、防犯の点からは安全管理の新しいあり方を検討する必要に迫られる。

メール一つとっても、どこから発信したのか判定不可能にできるという。ウイルス感染目的の偽装メールなどの犯罪に対し、玉川学園はセキュリティを徹底しているが、それでもデジタル犯罪はいたちごっこのように手口を変えてくる。そもそも学校は「広く世界に知識を求める」場のはずが、デジタル社会では「広く世界から危険も襲来してくる」場にもなってしまった。

学校教育は、「人間は教育を通して善い存在になる」ことが前提にある。だが、デジタルの脅威の前にその大前提がおびやかされてしまっている。子供が善き存在となるために善きことを教えるのが学校なのに、悪い存在から身を守るために悪いことも教えなければならないという厳しさに直面している。

仮想現実の世界にも危険がある。9月中旬にはスマートフォン向け人気ゲーム「ポケモンＧＯ」の珍しいキャラクターを捕まえようと数百人がお台場に殺到し、車道をふさぐなどパニックとなった。この現象が学校で起きないと断言できるのか。誰かが某小学校に稀有なモンスターが出現すると「仮想情報」を出し、小学校を機能不全に陥らせることだって可能となる。デジタル時代の目に見えない危険に対して、アナログで安全管理を考えるのは21世紀のドン・キホーテのようなものであろう。情報化社会における学校安全を追求していかねばならない。

それにしても、バーチャルとはいかにもデジタル的な響きだが、アナログ的には「嘘」と言い換えてもいい。デジタルの利便性だけを前面に押し出してそこから利益を吸い上げる企業も多数あるが、「知恵ある悪魔」に思えるのは私だけだろうか。

２０１６年12月号

University Concert Hall 2016

９月に講堂・視聴覚センターの改修工事が完了し、新しい音楽教育の拠点としてスタートをきることになった。正式名称は「University Concert Hall 2016」である。大学教育棟２０１４を皮切りに、玉川の建物の名称には建設の年度を入れている。こうすることで建物の歴史が記憶に残りやすくなる。通常、建物の竣功年は定礎石に彫り込むが、これを建物の名称の一部とするのは珍しい。やがて本学の特徴として定着することだろう。

大ホールにはＭＡＲＢＬＥという名前を付けた。名の由来は、ホワイエ正面の壁にマーブル材を使用したことに加え、Music, Acoustic, Resonance, Breath, Lesson, Expressionの意味を含んで頭文字をとっている。ＭＡＲＢＬＥは、まず音響効果改善のため、舞台正面の壁を４度後ろに傾け、天井は反射面が多い形状のものにした。防音性向上のためにホール入口を二重扉にし、講演会時には音の響きを抑え講話が聴きやすくなるように、舞台正面に昇降式の吸音幕が設置されている。空席時での残響時間は改修前後で変わらないが、周波数特性では比較的フラットで良好となった。満席時の残響時間は人間の吸音影響が大きくなるので、改修前の数値１・６秒から１・７秒とやや長くなっている。今回はコンサート仕様を追求した改修でもあり、客席に届く反響音が増えて、いっそう響きの良いホールとなったはずである。

かつて講堂が完成した1991年に美声を披露してくれた大倉由紀枝先生が、新生ホールで再び歌ってくださった。演奏家として歌いやすいと高い評価を寄せてくださったのがとても嬉しい。

さらに今回の改修の特徴の一つは、視聴覚センターの101教室を小ホールとしたことである。ここは小さな演奏発表会やオーケストラの練習の場となる。アーチ形状の天井と壁には学内で伐採した樹木利用による板材を用い、残響時間測定値が500ヘルツでは空席時で0・83秒、満席時で0・54秒となるようにした。これは教室として音声の明瞭性を保ちつつ、演奏会場としても適度で生き生きとした響きでアンサンブルのしやすい空間となる。

玉川には学園オーケストラと大学オーケストラがあるが、共にこの小ホールで練習ができる。また、子供たちは学外でピアノをはじめ多くの楽器を習っているだろうが、音響とサイズの面から、その発表の場としてもふさわしい。今後、ここが音楽教育の場として活発に利用されることを希う。これは奏楽堂に代わる場でもあり、2階教室はレッスン室へと改修した。長い間、奏楽堂そばの深い木立の中に器楽練習室があったが、安全管理の面からも大学4号館のレッスン室の分も含め、音楽校舎機能を移転させた。

1階入口右側の壁にはジャクソン・ポロックの「秋のリズムNo. 30」が、2階にはオーギュスト・ルノワールによる「ピアノを弾く少女たち」の陶板画がある。鑑賞されたい。

2017年4月号

自校史博物館としての小原記念館

学内には草創期に建てられた木造建屋がまだ幾つか残っている。礼拝堂、現キャンパスセキュリティセンターが入る旧本部棟、そしてオヤジさん（創立者・小原國芳）の住まいであった小原記念館の3つである。

今も毎週使用している礼拝堂は、何度か耐震工事を行い、内装更新に併せて一部床暖房も配備した。西洋の教会のような豪華さはないが、赤い三角屋根と白い外壁の素朴な佇まい。創立翌年の1930（昭和5）年に教職員や生徒の協力も得て完成した礼拝堂は、学園で一番高い聖山にあり、建学の精神の礎である。いつかは耐用年数を迎えるだろうが、まだまだ学園のシンボルとしておきたい。

旧本部棟は主に総務部や経理部が使っていたが、一時はオヤジさんも学長の執務に使用していた。さらに、戦後まもない1946（昭和21）年には、アメリカからの教育使節団をここに迎えた記念写真が残る。戦後教育改革の基本方針をまとめるにあたって学園の教育実践が参観されたのである。学園にとっての大事な歴史を知る建物である。

三つめの木造は、オヤジさんの住まいであった小原記念館。玄関を入った正面にあるのが「お客の間」で、ここでは学園へのお客さんをお迎えしただけではなく、夕食後に塾生たちが集ってオヤジさんと団らんのひとときを過ごした。また、玉川名物の一画多い「夢」の色紙が揮毫された部屋でもあり、毎年2月には卒業証書への署名も行われた。

玄関右側は岡ちゃん（岡田陽先生）一家の住居であった。お客の間と近く、私にとっては従兄たちとの遊びの場であった。左側の階段を上ると、食堂や居間などの生活の場。祖父と孫として食事を共にした懐かしい食堂である。今で言う「24／7（1日24時間／週7日で休みなし）」だったのか、オヤジさんからお呼びがかかった職員と仕事をするのは決まってこの居間であった。ここにあまり良い記憶がないのは、時折、私にもオヤジさんの雷が落ちた部屋だからである。

オヤジさんの雷は自身も認めるほどで、いつしか付いたあだ名が「雷々亭」。「雷々亭」は、その後、階段でつなぐように建てられた新居の1階部分の名称にもなった。お客の間と新居の中間にある生活の場は、木造で火災の危険性もあって何十年と使われてこなかった。このたび、ここを建て替えて記念館を新生させ、学友会事務所を置くことに決めた。現在工事中で3月末には竣功する。

本学園はまもなく創立90年。新しい小原記念館は学園の草創期の歴史を伝える自校史博物館としての役割を果たす。「雷々亭」は施設見学者が語り合えるスペースに改修の予定である。今、多くの私立大学や学校で自校教育が行われるようになったが、この小原記念館で学生や生徒児童たちが学園の生い立ちを知り、建学の精神を学んでくれること、そして卒業生たちには、それぞれの学園生活を思い起こしてもらう場となることを願っている。

2017年9月号

高等教育の調査研究AIR

ワシントンD.C.で行われたAIR総会に参加した。AIRはAssociation for Institutional Research の略。高等教育の調査研究の協会で、大学が自らの大学や学校を調査研究対象とするものである。現在、日本の各大学で行われている「自己点検調査」も、始まりはアメリカの大学でのAIRである。私はこの協会に1980年代から参加していたが、当時は活動内容が日本の大学と馴染むとは考えられていなかった。

AIRの特長は、教育計画立案に際して必要となるデータを集積するだけではなく、分析を伴わせる点にある。昨今、ようやくエビデンスに準拠した意思決定が大学に導入されるようになったのも、AIRの影響である。エビデンスあっての意思決定は企業においては当然だが、長年右肩上がりで成長拡大してきた大学と短大にとっては、「新しい運営手法」として迎えられた。

高度成長時代の教育政策は過去からの流れに沿って行うことができた。しかし、18歳人口減だけではなく大学進学率も漸減してきている時代にあって、過去からの流れを「不易の教育政策」と捉えてはいられない。トルクカーブのように増えてきた学生数増加率がゼロとなり、やがてマイナスへと転換する前にしなければならないことの一つに自校調査研究の推進がある。

調査研究で得た統計をもとに政策を考えていくが、それだけではない。私学は建学の精神を教育活動の基盤としているが故に、教育政策と建学の精神は互いに融合したものでなければならない。しかし、実はこれが大変に難しい。大学教育を取り巻く環境変化の中での課題として正面から挑戦していかねばならない。

2017年10月号

World Robot Summitに向けて

ここ数年、大学だけではなく初等中等教育段階からSTEM教育に力を入れる学校が増加している。日本では科学技術教育と称されるが、アメリカなどではSTEM（Science, Technology, Engineering, Mathematics）に芸術（Arts）を加えてSTEAMとしている。現代の科学技術を生活に生かすにはデジタル的発想だけでは十分ではない。クラウドファンディングには多くのデジタル製品が提供されているが、どれもデザイン性に優れ、アートの要素を備えている。時代はSTEMだけではなくSTEAMとなってきているのだ。

そうした流れの中で注目されるのがロボットと人工知能（AI）である。2020年に愛知県で開催されるWorld Robot Summitは、人間とロボットが共生し協働する社会の実現と、研究開発のための競演会である。18年には東京でプレ大会も開かれる。これらに「ジュニア」のカテゴリーで小学生や中学生も参加できることから、両大会に向けたワークショップとトライアル競技会が本学園を会場として開催された。8月2日から6日までの期間中に世界8カ国（日本、タイ、マレーシア、ベトナム、ドイツ、オランダ、オーストラリア、アメリカ）から10チーム70名の小中学生たちが学園にやってきた。

大会のためにソフトバンクグループから提供されたのは同社開発の世界初の感情認識ロボット「ペッパー」。ワークショップでは、標準プラットフォームロボットとなったペッパーのハードウェアやプログラミングの紹介、競技のルール検討などが行われた。トライアル競技会では実際のタスクに挑戦。ペッパーが人間と会話し、正しく反応するなど、生活密着型のロボットならではのスキルを達成できるかが試される。さらに、ペッパーを学校活動にどう役立てられるかを考え、プログラミングについてプレゼンする競技もある。技術開発、課題解決の力が問われるわけだ。

2045年にＡＩの能力が人類を超えるという予測がある。学習や推論のできるＡＩは、プログラムを自ら改良するようになると永続的に指数関数的な進化を遂げる。結果、ある時点で人間の知能を超えて、それ以降の発明などはすべて人間ではなくＡＩが担うようになるというのである。

やがてはＡＩに「奪われる職業」もリストアップされている。その中には知識伝承を担う学校教育も含まれているようである。遠くない未来、ＡＩロボットと人間とが机を並べて仕事をし、ＡＩ

に判断を委ねる。人間が開発したＡＩが人間を超えるのか、あるいは人間の補助的な存在にとどまるのか。まるで旧約聖書の「バベルの塔」の教訓を思い起こさせる。

２０４５年と言えば現在の中学1年生が働き盛りの40代である。予測の真偽はさておき、今の子供たちにとってＡＩロボットの存在はリアルであろう。World Robot Summitに向けて真剣に取り組む子供たちを見ていて、日常生活の中に革新的な技術が導入される社会において、理解と知識を持って貢献できる人であってほしいと考えた。

２０１７年12月号

第89回体育祭

10月14日、第89回体育祭が行われた。この体育祭の開催回数は本学園の創立からの年数を上回る。学園の七不思議か。オヤジさんがいずれかの年に2回、体育祭を行ったためであろう。

毎年ながら、一番気になるのはお天気。体育科教員と教育学部の保健体育専攻の学生たちは朝の4時半に集合し、空を見上げながら開催の判断を下すのが恒例である。最近は予報精度も向上しているので、開催日である土曜日のみならず、順延した場合の日曜日と月曜日の降雨確率も考慮して開催を決める。

体育祭はお天気次第で臨機応変に種目を変更するように企画している。そうは言っても、保健体育専攻の学生たちがグラウンドの排水をしたり白線引きをしたりする体育祭運営のための作業に変わりはない。お母さんたちが子供の起床前からお弁当を作るように、学生たちも早朝から裏方仕事をしてくれている。

そんな中で体育祭は土曜日に決行。やはり開会後から小雨となってしまった。プログラムを大きく変更し、大学から幼稚部までの演技種目を行い、最後は選抜リレーで終えた。低学年生と幼稚部生による演技のときには降雨が際立ち、観覧席のご父母もビデオ撮影しながらわが子が風邪を引きでもしないか、心配されたのではないだろうか。申し訳ないことである。

今年は日本とデンマーク外交関係樹立１５０周年を迎えた。１９３１年、玉川学園はデンマーク・オレロップ国民高等体操学校の創始者でデンマーク体操の第一人者ニルス・ブック氏と一行26名を日本で初めて招聘。日本体操界に大きな影響を与え、現在も学園には東洋で唯一の分校が設置されている。

デンマークは童話作家アンデルセンとレゴ玩具でも有名だが、学園の延長教育プログラムではレゴ® スクールのサテライト校としてレゴ® ブロックを教材とした講座を提供している。この講座は小学校の教育課程に今後導入されるプログラミング教育で必須となる探究心・集中力を養う。最近クラウドファンディングでもさまざまな子供向けのＳＴＥＭ玩具があるが、多くはレゴ® ブロックを活用している。これほど世界標準となった玩具があの小さな国から生まれたことは驚きである。

2018年1月号

ゲーデ・ピアノ五重奏団とベルリン・フィル

11月2日、学友会主催のフレンドシップコンサートが催された。ゲーデ・ピアノ五重奏団を招聘したこの演奏会は学友会会長の佐藤敏明氏（工学部67年卒）のお世話で実現したものである。佐藤会長は在学中、「本物に触れる」というオヤジさんの教育に感銘を受け、このたびはたいへんな熱意でもって、自ら学園で本物に触れる機会をつくってくださった。

団長であるD・ゲーデ氏はウィーン・フィルハーモニー管弦楽団の前コンサートマスターで、佐藤会長の永年の友。今回の演奏会が実現したのはそのご縁による。ゲーデ氏率いるメンバーは、ヴァイオリンのS・フーヴァー氏、ヴィオラのM・シェスル氏（両氏はバイエルン放送交響楽団団員）。チェロのS・ゲーデ氏（北ドイツ放送エルプフィルハーモニー管弦楽団団員）は団長の弟さん、ピアノのスイシュー・リウ氏は団長の奥様。また、ヴィオラのG・ザイフェルト氏（ウィーン・フィルハーモニー管弦楽団シニア団員）は今回、特別ゲストとして演奏に参加された。

コンサートはブラームスの「ピアノ五重奏曲」から始まった。ピアノと弦楽の掛け合いは緊迫感がありながら、ブラームスらしい哀愁が漂う。休憩の後はタンゴメドレー、日本の歌メドレーと続き、最後にはゲストのザイフェルト氏が加わって、オーストリアを代表するシュトラウスの作品の演奏となった。玉川の丘にいながらウィーンの調べを聴く機会に恵まれるとは、なんと贅沢で幸せなことであろうか。プログラム構成も音色も聴く者を魅了し、どなたにも楽しんでもらえる演奏会であった。昨年改修したUniversity Concert Hall 2016で「本物に触れた」教育的価値は計り知れない。私は学友会に感謝しながら演奏に聴き惚れた。

この楽団は東日本大震災の復興支援として7回にわたり東北を訪問、一人でも多くの被災者に寄り添いたいと、各地で60回以上のボランティア演奏会を行っている。心地良いハーモニーを届けることで心の安らぎを得てほしいと願っての音楽活動は尊い。

楽団のメンバーからはコンサート・ホールの音響が素晴らしいと評価してもらえた。ぜひとも近い将来に再来園してもらえるとありがたいのだが……。

さらに11月22日はベルリン・フィルハーモニー管弦楽団員が来園、今年は「芸術で探検」をテーマに芸術学部生とK－12に向けての音楽教育プログラムと、カルテットによる演奏会と対話を行っていただいた。

この玉川とベルリン・フィル管弦楽団員との教育交流は実に１９９８年に遡る。団員であるアマデウス・ホイトリング氏が当時の芸術学科で指導された際に玉川教育に深く賛同くださり、以来、ベルリン・フィルの来日公演のたびに、氏の掛け声でカルテットを組んで来園してくださっている。

今回、ヴァイオリンはホイトリング氏とR・オルロフスキー氏、ヴィオラはM・ハンター氏、チェロはN・レーミッシュ氏でカルテットを組み、演奏会の演目はハイドンとメルデルスゾーンの弦楽四重奏曲。端正でそれでいて丸みのある円熟のハーモニーである。演奏会の第2部では芸術学部の「和太鼓&舞踊」チームの演目を二つ披露、一般の方にも公開し、堪能していただけたと思う。

演奏の素晴らしさもだが、音楽や芸術を通して教育貢献するメンバーの意識の高さに敬服する。そして、学友会主催コンサートのときと同様にホールの響きに高い評価をもらった。評価をいただくたびに思い切って改修にチャレンジしたことを私の誇りに思うし、創立から芸術を大切にしてきた本学の教育の伝統を守る決意を新たにする。

２０１８年2月号

全国私立大学教職課程協会

昨年11月末、全私教協の研究交流集会が香川県で行われた。全私教協とは「全国私立大学教職課程協会」の略で、私立大学約４００校が加盟している。

協会加盟校にとって現在の最大のテーマは教員養成の制度改革に伴う教職課程の再課程認定である。文部科学省からこの認定を受けることが、２０１９年度以降も継続して教職課程を提供できる前提となっている。そのためには、今年度中に書類を揃えて申請を完了しなければならない。認定基準は細かく定められており、各大学では全学組織である教職センターが再課程認定申請の作業を行っている。

外部から見れば、今まで行ってきた教員養成なのだから、その延長線上で再課程認定申請書類も作成できるはずだと思うだろう。しかし、そうした考え方が認定基準から逸脱する一因になるのである。例えば、科目担当教員の変更を「適正」ではなく「適当」に処理することで、わずかな基準逸脱が生じる可能性がある。それが積もり積もると、基準遵守違反のレベルにまでなってしまうのである。実際、私は10月に、ある国立大学の教職課程の実地調査に参加したが、そこでは20年間にわたって微小な逸脱が蓄積しており、結果として明らかに基準に違反するレベルになっていた。その大学には多くの是正意見が出されたが、果たして大学側がどこまで修正するか疑問を抱く。さらに、もしこれが地方の小規模私立大学でのことであったなら、教職課程認定取り消しの処分を受けたのではないかと邪推もする。そこには「国高私低」の仕組みが厳然とあるように思う。

このところの社会の流れとして、大学を含めた学校教育の質が問われている。さまざまな尺度や基準で質が測られ、それに沿って学校が教育の質保証を試みているなか、教員の質の向上も重要な要素となってきている。教員の質向上のために教員免許更新制も設けられたし、教科によっては修士取得でもって質担保としている。教職大学院では、「教育そもそも論」ではなく、学校教育に求められる資質と実践的な能力を養うことで教員の質向上を行おうとしている。

この流れは当然、教職課程にも向いてくる。教員採用試験の実施も質保証であるし、加えて免許種の数や履修単位数、課程を修了した大学の入学難易度といった関数で教員の質は測られる。2019年度からは教職課程コアカリキュラムが導入され、今回の再課程認定申請においても、そのシラバスの構築が必要とされる。これもある意味で教職課程の質保証と言える。大学はアドミッション、カリキュラム、そしてディプロマ・ポリシーで、入学から卒業までの課程管理をし、単位の実質化や厳格な成績評価などで教育の質保証を行っている。それと同じ尺度で教職課程も管理し、教員免許を取得する学生の質保証をすることは大学の責務であろう。

ここに至って、教員養成を行っている私立大学が直面するのは、教職課程の公共性と私学の建学精神の調和を考える際に陥るジレンマである。私学が教育の拠り所とするのは建学の精神であり、私学の自主性であるが、その建学の精神で学んだ学生たちが教員として教壇に立つのは、ほとんどが公立学校だからである。

教員免許の科目は公立学校を基本としている。私立大学には免許科目のオーナーシップはあるが、教育の責任は公立学校に対してのものなので、大学のアカウンタビリティーは公立学校の制度に準拠する。しかし同時に私立大学の教育は建学の精神に基づいているのだから、それが教職課程にどう及ぶか考えざるを得ない。そのジレンマを抱えて、各私立大学は教職課程の質保証を考えなければならないのが今後の大きな課題である。これはトンネルの先に明かりが見えそうで、なかなか見えない難しい課題に思える。

２０１８年３月号

久志晴耕塾の竣功

戊年生まれの私は、今年は6回目の年男である。戊年生まれは「バカ正直で義理堅い。ただ、ところ構わず動き回るのが玉に瑕」と言われる。我が人生を振り返ってみると、なかなかこれが当たっているようだ。とくに後半部分はズバリそのものである。

17歳のとき、留学のために海を渡った。１ドルは３６０円、海外観光旅行の自由化の直前で、情報量は現代と比べものにならず、右も左も分からぬまま「ところ構わず」動いたのであった。渡米して初めての正月は１９６４（昭和39）年。以来、同世代よりも多く世界諸国を訪問してきたと思う。しかし、この年齢に達しても、いまだにテレビの旅行番組を見るたびに、あの国、この国と訪問したい気持ちが湧いてくる。「そぞろ神の物につきて」心は落ち着かない。干支による性格付けも当たることがあるものだ。

さて、鹿児島県南さつま市の久志にある学外施設について書く。

薩摩半島の南端に位置する久志は、創立者小原國芳の生誕の地である。オヤジさんの「一画多い夢」の一つには久志の教育の充実があった。１９４８年に玉川学園附属久志高等学校を開校。生まれ故郷に錦を飾りたいという思いもあっただろうが、地域に押し寄せる過疎化で１９８０年、久志高等学校は閉校を余儀なくされた。この地に残ったのが総面積約10万平方メートルの久志農場である。学外施設として宿舎を併設できないまま、ポンカンなどの柑橘類のほか、熱帯果樹栽培の実験場を確保するのが、当時の大学の実力の限界であった。

久志は信号機もいらないような人口の少ない村だったが、久志にあるオヤジさんの墓に参るたびにどんどん寂しい地域になっている。市町村合併で坊津町久志として南さつま市に組み込まれたものの、市役所からは峠を越えなければ行けない。地域振興と言っても人の流れが届きにくく、昨今の文部行政は大学と地域の連携で地域再生を推奨しているが、大学すら近くにないのが南さつま市である。

そんな久志の地は、本学が地域貢献できる場所の一つではないだろうかと考えた。２０１２年には南さつま市と本学は「包括連携に関する協定」を締結。教育のみならず、産業振興、環境保全など、幅広く協力関係を築き、未来を担う人材育成に寄与するための交流事業がスタートした。

久志農場は「南さつまキャンパス」と地域名を冠にし、今年1月、ついに農学部だけでなくＫ－16全体で使える宿舎「久志晴耕塾」を完成させた。これは教育研究活動と地域貢献の基地となる。いよいよ本学はオヤジさんの夢をあらためて叶えることができるようになった。枕崎から久志に向かう峠のトンネルをくぐれば、美しい入り江の丸木浜を臨む久志晴耕塾を展望できる。鉄筋コンクリート造りの地上2階、地下1階、述べ床面積約1、500平方メートルで50人程度が宿泊可能。丸木浜の小さな船着場も本学所有のもので、この施設の持つ設備の特徴でもある。

久志と言えば台風の通り道。建物は台風の直撃に備え、最大瞬間風速70メートルに耐えられる設計とした。私は小学部時代に久志で台風を体験して、自然が猛威をふるう姿を目の当たりにした。自然は生物を育む力を持つ一方で、ものを破壊する力を持つことを知った。また、久志の満天の星の煌めきや、波間に浮かぶヨボタル（夜光虫）の美しさも忘れられない。現代の子供たちも自然のさまざまな現象を体験できれば、貴重な理科教育となるのではないだろうか。久志晴耕塾はそれを体感する場ともなりそうである。

久志晴耕塾の近くには、小中一貫校の南さつま市立坊津学園がある。ここは東京の小中一貫校とは異なり、人口減から統合されて誕生した一貫校である。南さつまキャンパスでは坊津学園の児童生徒の農業体験学習の受け入れを行っているほか、観光学部や芸術学部なども南さつま市と交流を行ってきた。やがて市の教育委員会と連携を取りながら、教職課程の学生の坊津学園での教育実習が可能になればと願っている。学生と子供たちにとってかけがえのない教育交流の場となろうし、小学校と中学校が併設しているため、それぞれの校種の教員免許状を取得する「ダブル免許プログラム」の実践の場ともなる。

久志晴耕塾を拠点に、今後さらにどんな教育研究活動と地域貢献ができるか――夢はつながっていく。

２０１８年７・８月号

STEAM教育の流れ

私学事業団の元理事長からアメリカ視察ツアーのお誘いがあった。視察内容はアメリカの大学が行っている資産運用とスタートアップ支援についてである。

すでにアメリカの私立大学の年間授業料は約５００万円、州立大学でも約１５０万円と高騰している。教育費高騰を招く原因は多々あるが、収入増の方策も同時に探っている。教育研究費高騰や収入確保は我々にとっても重要な課題であり、アメリカの大学の政策は大いに参考になる。個人的にも考えていたテーマであったが、５月連休を利用した視察には私学の学長、理事や理事長たち12名が参加した。

アメリカ視察のスケジュールはボストンへ直行し、ＭＩＴ（マサチューセッツ工科大学）のスタートアップ支援機関エンジン社を訪問した後、午後便でサンフランシスコ入り。２日目はカリフォルニア大学バークレー校へ行き、午後にはハイテク企業の本拠地であるパロアルト入り。３日目はスタンフォード大学のスタートアップ支援機関StartX。４日目は投資会社マケナ・キャピタル・マネジメント。５日目には帰国便に乗り込む。まるで往年のパック旅行並みの駆け足だ。

5日目の午前中には私的にK－12の提携校であるハーカー校を訪問し、久しぶりにローゼンタール校長に会えた。ここ10年間でハーカー校は施設設備が充実し、STEAM教育ではめざましい躍進を遂げている。年間4億円と一私学として羨ましいほどの寄付の実現が支えとなっている。

STEAM分野では、日本は諸外国が行っている教育から取り残されている感がある。学際的研究の推進や、共同で知識技術を創出するCo-Creation活動が推奨されているが、多くの大学が研究分野別にサイロ化されているように、中等教育の段階でも教科ごとに学びが細分化されてしまっている。それはそれで教科力向上には効率的であり、一定の効果をもたらしてきた。実際、日本の科学と数学の学力は世界的にも優れている。しかし、昨今では分野を横断して知識と技術を創出し、次世代へと伝えていくように教育の在り方が変化してきている。

そうした教育の流れに逆らうのが、教育の不易と言われるもの。現状維持派と改革派との争いごとのようでもある。しかし、学校や大学の教育は真空の中で行われることではなく、変化する世界との関わりを深く持って行われなければならない。

今回の視察で、アメリカの名門大学では実利的な事業につながる研究を重視する傾向が強くなってきたことを目の当たりにした。基礎研究も大切にはするものの、企業との契約のもと、大学独自の研究がいかに新規事業のニーズに応えうるかを競っているかに見えた。そして、社会や生活様式に強烈なインパクトを与えるような研究や、実用化につながる活動を行うスタートアップを支援する仕組みが整っている。「大学は象牙の塔」と言われたイメージから大きく変化が起こっている。

変化をもたらした流れの一つがＳＴＥＡＭ教育だとするなら、日本の教育の目指すものも見えてくる。多様で活力ある人材と研究を生む大学こそが生き残る。

２０１８年11月号

保健センター 健康院の新生

健康院が新たに生まれ変ってＫＥＹＡＫＩ食堂の向かいに完成した。

もともとの健康院は本学園創立翌年の１９３０年、駅の北口に「健康院　玉川診療所」として開設。学園の生徒児童と教職員だけでなく、地域住民の医療も行い、歯科も併設されていた。その隣に建っていた家で生活していたのが私である。やがて学園地区には個人医院の開業も増え、健康院は地域診療所としての役目を終えて１９６０年には松陰橋の近くに引っ越し、建物も新設した。

そしてこのたび、教職員、学生生徒児童数の規模にも合わせ、新しい場所に新しい施設で移ることになった。校舎なら仮校舎で教育活動は可能だけれど、医療機関は既存の建物で仮営業はできない。そんな理由もあって、もとの場所に健康院新築とはいかなかった。そこで体育施設に近く、かつ東京都に建てようと現在の場所を選んだ。長く慣れ親しんだ場所から移転したが、広さは総合学園としては充分に確保され、設備もより充実した。

「健康院」と命名したのは創立者の小原國芳である。「病院」ではなく「健康院」とは、病気になる前にいかにして健康を守り、増進することこそが大切だという信念が込められている。

私は人生の始まりを健康院とともに過ごしたのであったが、こうして何十年も経って今また健康院の近くで執務をしている。健康院とは実に長い人生のお付き合いである。

2019年2月号

主権者教育の本質

文部科学省では「主権者教育」を推進しており、私も主権者教育推進会議委員として参画している。選挙権年齢が18歳になったことを受けて検討が始まった主権者教育だが、単に政治の仕組みを学ぶだけではなく、社会のできごとを自ら考えて判断し、主体的に行動する主権者が育つことを目的とする。発達段階に応じて政治意識を高めるために、学校や地域の役割を考えていく。

学校における政治教育に積極的に取り組むドイツとイギリスに、文部科学省から視察に向かった。12月5日からの日程であったが、次年度予算編成の時期でもあり、私はドイツの教育調査にのみ参加した。ドイツはかつて、アメリカを中心とする西側自由主義諸国と、ソ連を中心とする東側社会主義諸国による東西冷戦の象徴のような国であった。東西ドイツと東西ベルリンに分断され、冷戦の最前線、イデオロギーの合戦場であった。また、ドイツは第二次世界大戦での反省もあり、民主国家再建のための努力を惜しまなかった。これらの背景が、早い時期から政治教育の重要性を高めてきたのであろう。

視察では、1970年、私が大学3年生のときの欧州旅行を思い出した。北欧からドイツへ渡り、列車で西ベルリンを目指したのだった。その頃はベルリンの壁から東側を展望できるのが観光の一つで、まさにその眺めは資本主義と共産主義の違いの見本（ショーケース）であった。そして西側から東側へは移動できても、東側の市民が西側へ脱出しようとするのは命がけであった。

そうしたイデオロギー合戦の凄まじい歴史の狭間で始まったドイツの政治教育は、今では豊富な教材で行われている。訪れた中等教育のギムナジウムでは何よりも一人ひとりが自分の意見を持つことを大切にしている。現実の政治問題を扱う際には、対立する様々な考え方を取り上げて生徒に考えさせ、あるいは中立性を模索させる。

政治問題を教育の場に持ち込むことに思想の偏向を恐れるのが今までの日本だが、政治教育は現実の社会の多様な見解を教えるためのものだから、教員の意見もその一つとして理解することになる。意見を持たない人は政治に主体的に参加できず、民主的な社会を担うことができない。

その意味でドイツでは「政治教育」の名称を用い、イギリスでは「シチズンシップ教育」と呼ぶ。「シビック教育」という国もあるなか、日本での「主権者」という言葉の本質もこれからの議論の的になりそうである。

山形市との基本協定

ドイツ視察から戻って、山形市との連携・協力に関する基本協定締結のために山形市へ。前日に学友会山形支部会に参加し、12月14日に山形市と玉川学園の基本協定締結式を行った。これは弟子屈町、玉川村、下田市、古座川町、南さつま市、久米島町に続く地域連携となる。

昨今、大学には官学連携、産学連携、地域連携が求められている。一般的には大学が所在する都市との連携が提案されがちだが、近辺に大学がない市町村はどうなるのか。地域差や距離を超えての連携に意味はあるはずである。すでに潤っている地域との連携では大学の貢献度は低いであろう。今回の協定では、観光の支援、まちづくりや教育・文化の推進、環境保全、人材育成や学生のインターンシップなどを取り組みの項目として盛り込んだ。山形には四季それぞれにアピールするべき観光の「光」は豊富にある。しかし、大災害の復興支援は主に航空業界へ流れ、東京からの新幹線が逆に足かせとなって、北海道や熊本のように「離陸」しきれず、東北各県は観光推進に難儀している。

山形市には地元大学があるが、市が持つ観光資源の有効活用を支援する観光学部はない。本学が観光を中心として支援の力になれるように努力したい。どの地域も観光におけるインバウンドは無視できない。しかし、例えば、ニセコや京都は観光先進地域であるが、果たしてそれは海外からの訪問者と日本人の双方にとって魅力ある観光地となったであろうか。日本のマナーや文化を大切にしてもらいながらの観光推進はできているだろうか。インバウンドを求めるあまりに観光植民地のようになってしまってはならない。大学ならばこその観光支援を、ぜひとも心掛けたい。

２０１９年３月号

玉川大学音楽祭の伝統

毎年、大学１年生たちはよくこの大作に挑戦してくれる。昨年も12月18日、パシフィコ横浜 国立大ホールで催された玉川大学音楽祭。舞台で第九合唱の歌声が響いた。

ベートーヴェンの交響曲第九番《合唱付》の終楽章「歓喜に寄せて」を１年生全員がドイツ語で歌い上げる。音楽を必修科目として総合的に学び、集大成として偉大な芸術作品に向き合い、合唱に挑戦する。「本物に触れる教育」は学園創立以来の伝統だ。２０１５年、サントリーホールでの「第九演奏会」には一旦終止符を打ったが、大学１年生によるこの音楽祭が１９６２年に始まった玉川の第九の歴史を今日につないでくれている。

私が高等部生だった頃は生徒学生数も少なく、高等部１年生から大学生が共に第九を合唱した。合唱が初めての下級生も上級生に引っ張られて練習した。上手に歌える学生が傍らでリードするのだから、練習には好条件であった。それが学生数も増え、今では大学１年生だけで２回に分けて演奏する。リードする上級生もいないし、音楽を専門に入学してきた学生は極めて少数である。ほとんどが初心者にもかかわらず、短期間でドイツ語の歌詞の暗唱までして歌いきる。

自ら経験したからこそ見える世界、広がる世界がある。どうかこの伝統を貴重な学びとしてもらいたい。

平成最後の大学音楽祭となったが、昭和から平成へ続けてきた玉川の第九を新元号となっても継承していきたい。私が聞く限り、第九を愛したオヤジさん自身は第九を歌っていないはず。ということは、本学1年生は第九合唱の経験をもって創立者を「一つ超えた」ことになるかもしれない。

2019年4月号

タワークレーンと入試

現在、農学部・工学部・芸術学部の学修施設として、異分野の学びを融合発展させる「STREAM Hall 2019」を建設中で、旧りんどう食堂の跡地に2020年1月の竣功を目指している。

現場で活躍しているタワークレーンを見ていたある日、どうしてもクレーンの作業台に上ってみたくなった。というのも、私の小学生の頃の遊びは、当時、学園で一番に高いところにあった礼拝堂の鐘部屋へ上り、屋根裏を冒険することだった。そこから見渡す学園の風景はなんとも格別で忘れ難い。作業台は地上40メートルほど。そこに上がれば、あの時よりもっと高い場所から、もっと広く学内を展望できる。ここは施主の特権と、西松建設の会長と社長に許可をお願いした。

理事長たるもの、どこの学校でも校舎建設現場に立ち入り視察しているだろうが、クレーン作業台に上って上空から工事の進捗状況を見たりはしない。しかし、社会は三次元なのだから、現場視察も俯瞰するには縦横に加え、高さがあってしかるべきであろう。などと理屈は考えたけれど、正直なところ、ただ礼拝堂より高い所から見る建設現場と学内の風景がいかばかりか、単純な興味からであった。「なんとかと煙は高いところに」というが、似たようなものか。

1月18日、冷え込みに厚着をし、安全ロープを掛け、一段一段タワー内の梯子を上がった。初めはワクワク感で足取りも軽いが、さすがに40メートルは10階以上。中ほどから息切れする。余計な企てだったと省みながらも引き返せない。しかし、上がりきってしまうと眺望に圧倒され、思わず声を上げた。天守閣に上がった殿様の気分もかくのごとくかと思わされた。

建築現場も高所から見ると、特別な臨場感をもって完成時のイメージが立ち上がってくる。施主として得難い体験ができた。上りよりも下りのほうが怖さを感じると言われたが、お腹が邪魔をしてくれたおかげで、足元は見えなかった。なのに、地上に降りて安全ロープを外してから、足場の階段に向う脛をしたたかにぶつけてしまった。弁慶の泣き所で、1か月経っても未だに痛い。

2月と言えば入試である。大学だけではなく、中学入試、高校入試も毎年が正念場である。前年の秋に行われる幼稚園と小学校の入試も、学園が毎年直面する課題であることに変わりない。私学入試の募集と志願を考えるとき、「建学の精神」は私学にとっては「売り」であり、受験者と保護者にとっては受け入れるか否かの「買い」である。そこから「受験市場」と表現されるのであろう。私学にとって入試はある意味、市場占有率競争とも言える。

世の中の様々な出来事にマーケットが影響を及ぼされるのと同様、受験市場も敏感に反応する。伸び盛りの業界につながる学部の人気は上がり、不況な業界や、働き方改革の対象となるブラック産業につながりそうな学部への応募者は減少してしまう。

経済が疲弊している地域の大学は就職に不利だからと受験生の足も遠のく。地方出張の折にタワークレーンを見ることは稀。建築業の不振は、経済がコンクリートから人へ移ったからではなく、経済そのものが地方から大都市へと移ってしまったからだ。大学4年生になってから就職を大都市へ求めても手遅れで、入学時から“where the economic action is”に備えておかなければ、就職競争に負けてしまう。受験生の気持ちは経済圏へ向かっている。それは大学だけではなく、中等教育にも見られる現象である。

2月は入試をめぐる数字の増減に一喜一憂する。しかも、喜よりも憂のほうが多くなってきたように感じる。私は決して数学は嫌いではないが、統計が示す数値に心が休まらない。これは日本の出生率低下が学校へ及ぼすマイナスの影響の一つである。

2019年7・8月号

新年度のスタートとPDSA

5月から新元号は令和となり、今年の4月は平成最後の新年度となった。

毎年ながら教育機関にとっての3月と4月は盆と暮れが一度に来たような大忙しとなる。年度末にあたる3月は学生や生徒の学業評価を行い、卒業と進級を判定して、新年度の備えをしなければならない。年度末には並行して会計も締めなくてはならず、忙しさに拍車がかかる。作業は毎年定例化しているが、人事異動が伴う職員にとっては大変で、新しい部署の作業を把握するだけではなく、その部署の仕事に携わる心の準備も重要となってくる。

教員は新年度の授業へ向けて準備を行う。指導要領に大幅な変化がない限り、準備は昨年の繰返し的になる面も否めないが、1年の教育活動を振り返って、指導の仕方の工夫を改めて考える必要がある。それを年度末から新年度までの短期間で行わねばならないから、忙しさも極みである。ここ10年、教育の質が問われるようになった。一定の内容を一定の期間内で伝授し、1年経てば進級させる履修主義下では修得の多寡、レベルの高低は問われず、言わば「オール優」でも「可山優三」でも「平等に」進級できた。義務教育期間に至っては、在籍すればほぼ卒業に辿りつけた。その履修主義の流れに待ったをかけたのが、教育の「質保証と向上（Quality Assurance and Improvement）」の課題である。学修結果と成果を厳しく問うのが修得主義的な教育枠組みであるとするなら、その延長にある課題だと、私は考える。

品質保証や品質改善活動は、主に第二次産業で取り組まれてきた。それが他国よりも際立って優れていたから、メイド・イン・ジャパンの信用性が世界に広がったのである。その動きが第三次産業にも普及して、教育の質保証と向上が問われるようになった。

話がそれるが、今から40年以上も前、当時の工学部の経営工学の助手と共に「教育の品質」の共同研究を提案した。今で言う学際研究である。ところが教育はモノではないので、「品質」という言葉は適さないと受け入れてもらえなかった。当時、第二次産業でしか採用されていなかった品質管理や品質マネージメントの考え方を、教育（学校と大学）に適用することは不可能なのだと半ば納得した。その後、経営工学の教授からは、教育もモノづくりも時間軸上の活動で共通点はあるが、「品質」という漢字を使うのではなく、「クオリティー」と英語を使用すれば良かったと指摘された。確かに「品」には「モノ」が含蓄されている。それを教育に適用するから誤解されたのである。しかし、私からすると、質だろうが品質だろうが、共にqualityに違いはないと今でも考えている。

話を戻す。今、教育界で課題となっている質保証と向上のための手法の一つがＰＤＣＡ（Plan-Do-Check-Act）。これを適正に行っているか否かが、大学の認証評価でも厳しく問われる。

ＰＤＣＡのＰは計画、Ｄは実施、Ｃは点検、Ａは修正された行動であるが、これを教育機関へ適用するには二つの問題点があると私は考えている。

一つめの問題点はＣに係ることだが、計画された事項が実施されたかを点検するとなると、レ点を付けるだけという、すなわちＣ＝Ｐ－Ｄの単純作業に陥るリスクがある。それを避けるためは、点検（調査）にはＰ－Ｄの原因を究明し、対策を研究しなければならない。そこで私はＣではなくＳ（Study）を使って、ＰＤＳＡとしている。

二つめの問題点は、Ｓからオリジナル計画を修正し、新たな行動を考えるには時間が足りない。教育計画が達成できない要因は様々で、教育とはモノを対象としているのではなく、個性と意思を持つ人間を対象としているから、計画通りに進まない理由は複雑である。従って、1年を振り返ってＰ－Ｄだけを点検するならともかく、クオリティー向上のために十分なＳを行うならば、とても卒業式終了後の3月中になしえることではない。

ここで結論に飛躍するが、真摯にＰＤＳＡを行い、教育のクオリティー改善を行うには、現行の4月始業3月終業の制度では到底不可能なのである。ちなみに欧米では9月始業6月終業。7月と8月で時間をかけて教育の質保証と向上に取り組める。そろそろ4月始業3月終業を基礎にした学校制度そのものをＰＤＳＡする時代が到来しているのではないか。私は、量を軸にした教育枠組みに、質を軸にした教育活動は入れられないと考えている。

玉川大学・玉川学園年表（２００５年〜）

創立90周年記念誌「沿革」をもとに作成

２００５年４月	大学院マネジメント研究科設置
９月	世界規模の私立学校連盟「ラウンドスクエア」（１５０校）に日本初のメンバー校として選出
２００６年４月	大学院教育学研究科設置
	幼稚部・小学校から高等学校までの教育活動「Ｋ－12一貫教育」スタート
８月	文部科学省「特色ある大学教育支援プログラム（特色ＧＰ）」に「全学生参加型の一年次教育の実践」が採択
２００７年４月	大学リベラルアーツ学部設置
	玉川学園国際学級開設（２００９年にＩＢ・ＭＹＰスクール、２０１０年にＤＰスクールに認定）
２００８年４月	教職大学院設置
	大学脳科学研究所開設
	文部科学省ＳＳＨ（スーパーサイエンスハイスクール）に認定
６月	文部科学省「グローバルＣＯＥプログラム」に「社会に生きる心の創成」プログラムが採択
２００９年11月	創立80周年記念玉川学園の集いを横浜アリーナで開催
２０１０年４月	大学院脳情報研究科設置
５月	「Future Sci Tech Lab」が完成
２０１１年３月	東日本大震災
４月	大学量子情報科学研究所開設
６月	小原哲郎名誉総長逝去
２０１２年５月	礼拝堂献堂式

6月	鹿児島県南さつま市と包括連携に関する協定を締結（その後、北海道弟子屈町、和歌山県古座川町、静岡県下田市、沖縄県久米島町、山形県山形市と協定を結ぶ）
10月	西松建設と玉川大学で産学連携に関する協定を締結、ＬＥＤ農園が稼働
2013年1月	天皇皇后両陛下ご来臨。教育博物館、Future Sci Tech Lab 内の植物工場研究施設をご見学
4月	大学観光学部設置
5月	「ロボカップジャパンオープン２０１３東京」を玉川学園を会場に開催
2014年4月	大学院脳科学研究科設置
	文部科学省ＳＧＨ（スーパーグローバルハイスクール）に指定
	オバマ米大統領の来日時に、日本科学未来館にて10年生ロボットクラブがロボット技術を実演披露
7月	創立85周年記念玉川学園音楽祭を東京国際フォーラムで開催
8月	文部科学省「大学教育再生加速プログラム（ＡＰ）」（テーマⅠ・Ⅱ複合型）に採択
12月	「大学教育棟２０１４」竣功。教育学術情報図書館などが入る
	北海道弟子屈農場に「美留和晴耕塾」竣功
2016年4月	英語教育拠点「ELF Study Hall 2015」の運用開始
	玉川学園のバイリンガルプログラムスタート（ＢＬＥＳ－Ｋ、ＢＬＥＳ）
6月	アクア・アグリステーション（閉鎖循環式陸上養殖施設）開設
9月	「University Concert Hall 2016」完成
2017年4月	小原記念館改修
8月	「World Robot Summit」を玉川学園を会場に開催。主催は経済産業省、ＮＥＤＯ（新エネルギー・産業技術総合開発機構）
2018年1月	南さつまキャンパスに「久志晴耕塾」竣功
9月	「健康院」が移転、「保健センター健康院」として竣功

小原芳明（おばら・よしあき）

1946年東京生まれ。Monmouth College (Illinois, USA) 卒業。Stanford University, School of Education (California, USA) 教育政策分析専攻修士課程を修了。1987年、玉川大学文学部教授。国際教育室長、通信教育部長、副学長を歴任したのち、1994年より学校法人玉川学園理事長・玉川大学学長・玉川学園学園長。日本私立大学協会理事。著書に『教育の挑戦』、監修書に『玉川百科 こども博物誌』（全12巻）、編書に『ICTを活用した大学授業』、訳書に『アメリカ高等教育の大変貌』『アメリカ大学の優秀戦略』『ハーバード大学の戦略』（いずれも玉川大学出版部）など。

教育の使命

二〇一九年十一月二十五日　初版第一刷発行

著　者　小原芳明
発行者　小原芳明
発行所　玉川大学出版部
〒一九四-八六一〇
東京都町田市玉川学園六-一-一
TEL　〇四二-七三九-八九三五
FAX　〇四二-七三九-八九四〇
http://www.tamagawa.jp/up/
振替　〇〇一八〇-七-二六六六五

デザイン　水橋真奈美（ヒロ工房）
編集・構成　石井万里子
印刷・製本　図書印刷株式会社

落丁本はお取り替えいたします。

ISBN978-4-472-30313-5 C0037 / NDC370